차시	날짜	빠르기	정확도	확인란
1	월 일	타	%	
2	월 일	타	%	
3	월 일	타	%	
4	월 일	타	%	
5	월 일	타	%	
6	월 일	타	%	
7	월 일	타	%	
8	월 일	타	%	
9	월 일	타	%	
10	월 일	타	%	
11	월 일	타	%	
12	월 일	타	%	

차시				확인란
13	월 일	타	%	
14	월 일	타	%	
15	월 일	타	%	
16	월 일	타	%	
17	월 일	타	%	
18	월 일	타	%	
19	월 일	타	%	
20	월 일	타	%	
21	월 일	타	%	
22	월 일	타	%	
23	월 일	타	%	
24	월 일	타	%	

한눈에 알아보는 책의 구성

» 학습 목표 확인하기

오늘 배울 내용을 확인해요.

» 완성작품 미리보기

작업 전 완성된 작품을
미리 살펴보아요.

» 동물 이야기

동물 이야기를 세 컷 만화로
재미있게 풀어냈어요.

창의 놀이터 ⁝ 다양한 포즈를 한 고양이가 있어요. 재미있는 표정을 그려서 고양이 이모티콘을 완성해 보세요!

예시

» 창의 놀이터

동물과 관련된 여러 가지 활동을
통해 문제 해결 능력을 높일 수
있어요.

3 그림을 삽입하고, 배경을 투명하게 바꿔요!

❶ 예쁘게 완성된 방에 고양이를 배치해 보도록 할게요. [입력]-**[그림( )]**을 클릭해요.

❷ [불러올 파일]-[chapter 10_고양이]-**고양이1.jpg** 파일을 선택하고 <열기>를 클릭해요.

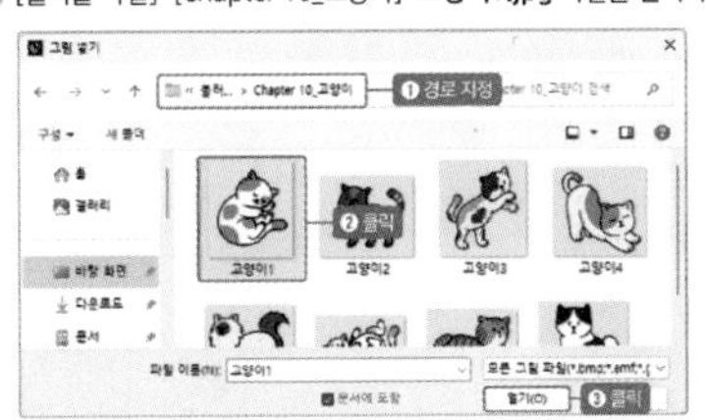

❸ [그림( )]-[색( )]→ **[투명한 색 설정]**을 클릭한 다음 그림의 **파란 배경**을 선택하여 고양이만 보이도록 남겨주세요.

❹ 조절점( )을 드래그하여 고양이의 크기를 조절한 다음 원하는 위치로 이동시켜보세

» 따라하기

컴퓨터를 처음 배우는 학생들의 눈높이에 맞추어 본문 내용을 쉽고 간결하게 구성했어요.

작품을 완성해요 »

❶ 더 많은 고양이 그림을 삽입하여 배치해 볼까요? [투명한 색 설정] 기능으로 고양이 그림의 배경을 투명하게 하는 것도 잊지 마세요!

» 더 멋지게 실력뿜뿜

본문에서 학습한 기능을 이용하여 새로운 작품을 만들 수 있어요.

더 멋지게 실력뿜뿜

실습파일 : 고양이_연습문제.show 완성파일 : 고양이_연습문제(완성).show

❶ 개체 선택 창을 열어 숨겨진 아이템과 배경 그림을 활용하여 슬라이드를 꾸며보세요.
❷ 아이템의 회색 배경은 '투명한 색 설정'을 이용하여 삭제할 수 있어요.

이책의 목차

재미있는 동물 이야기와 함께
한쇼 2022를 학습해요!

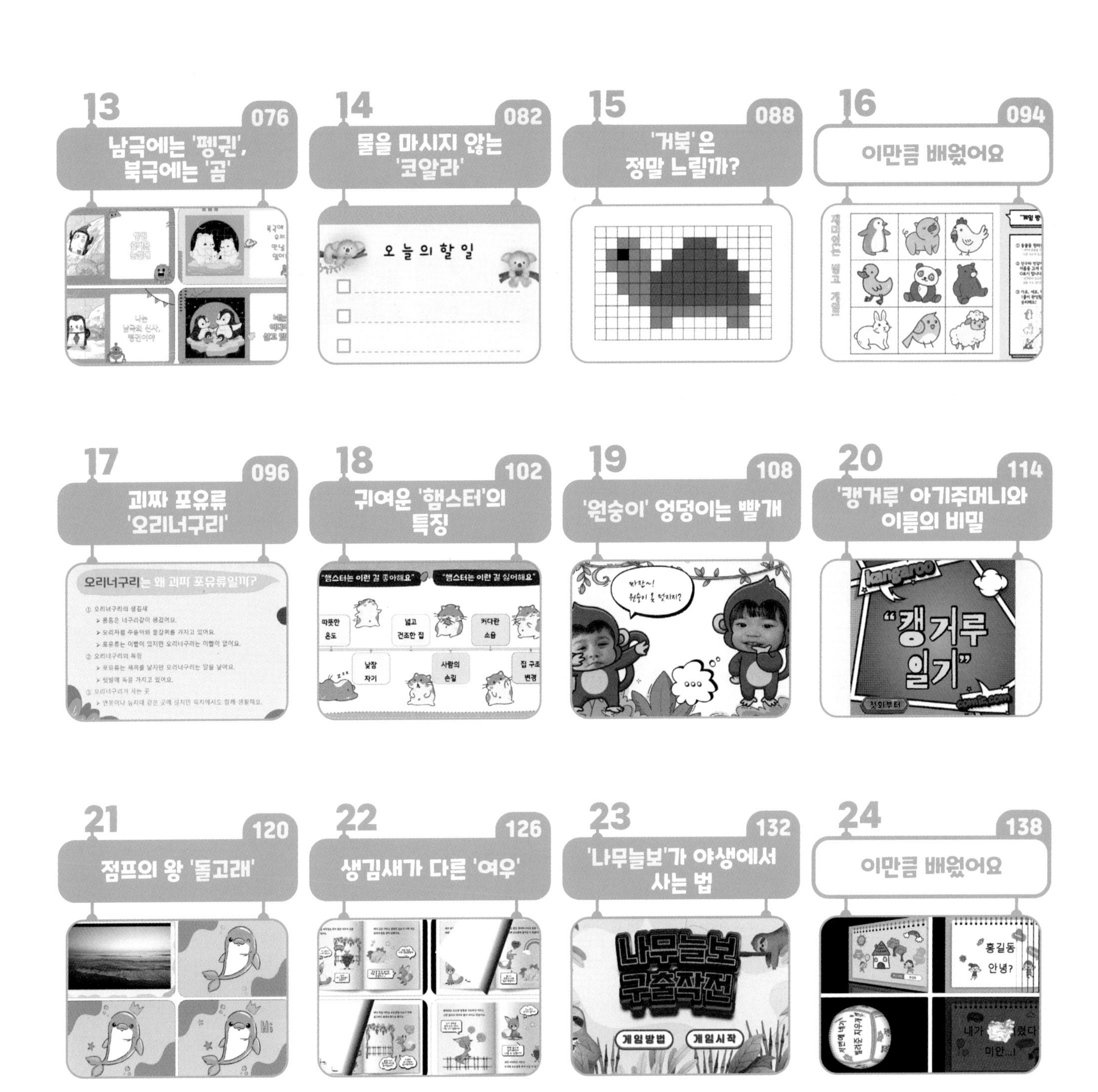

한쇼 주요 기능 미리 살펴보기!

한쇼를 실행하여 파일을 불러와요!

❶ [시작( )]을 클릭하고 [한쇼( )]를 찾아 선택하면 한쇼 2022 프로그램이 실행돼요.

❷ 예제 파일을 불러오기 위해서 **[내 컴퓨터에서 불러오기]**를 클릭해요.

❸ [불러오기] 대화상자가 나오면 [불러올 파일]-[chapter 00]-**동물이야기.show** 파일을 선택한 다음 <열기>를 클릭해요.

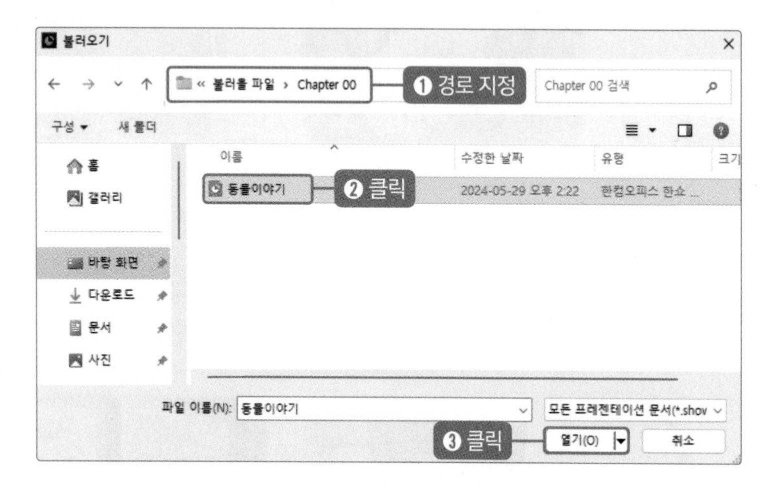

팁 대화상자가 뭐예요?

컴퓨터와 사람이 서로 대화를 할 수 있도록 제공되는 특별한 창을 대화상자라고 불러요. 컴퓨터가 사람에게 무언가를 알려주거나, 입력(선택)을 요청하지요.

④ 불러온 파일을 확인한 다음 문서를 작업할 수 있어요.

파일을 저장해요!

① [파일]-[저장하기]를 누르거나 [서식 도구 상자]에서 (저장하기)를 눌러요.

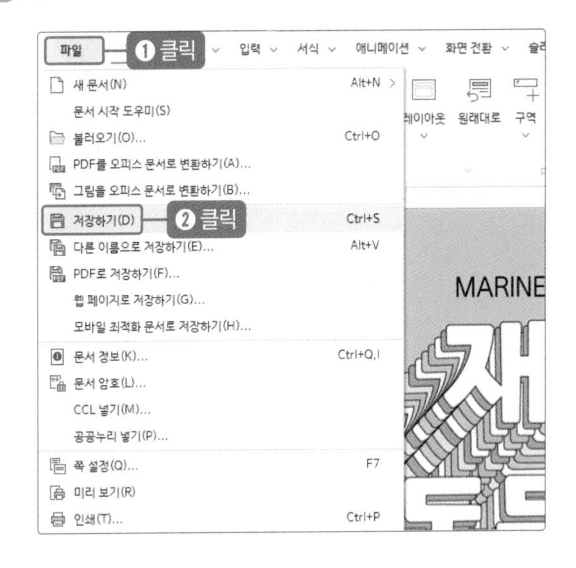

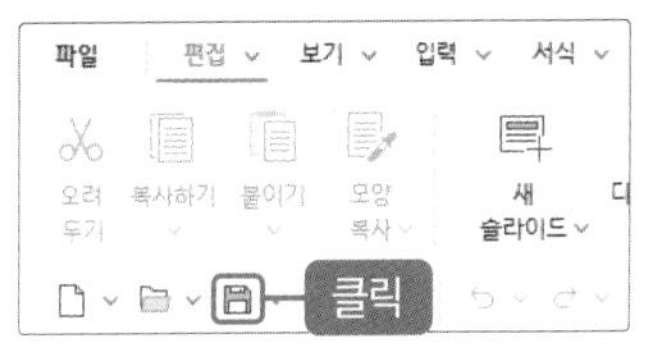

팁 다른 이름으로 저장

[저장하기] 아래를 보면 [다른 이름으로 저장하기] 메뉴가 있어요. 이 기능을 이용하면 새로운 이름으로 원하는 경로에 작업 중인 문서를 저장할 수 있답니다.

'닭'의 DNA로 부활하는 공룡

학습목표

★ 입력된 글자를 삭제하고 새롭게 입력해요.
★ 디자인 테마를 변경하여 프레젠테이션을 꾸며요.

실습파일 닭.show　완성파일 닭(완성).show

완성 작품 미리보기

동물 이야기

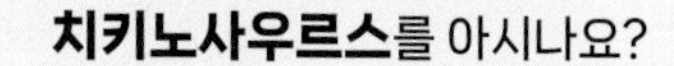

1 한쇼를 실행한 후 실습 파일을 불러와요!

❶ 한쇼 2022 프로그램을 실행해요.

② [내 컴퓨터에서 불러오기]를 클릭하여 [불러올 파일]-[chapter 01_닭]-**닭.show** 파일을 선택하고 <열기>를 클릭해요.

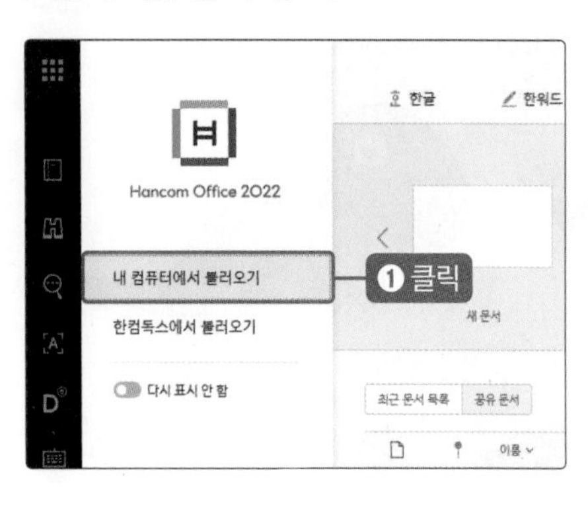

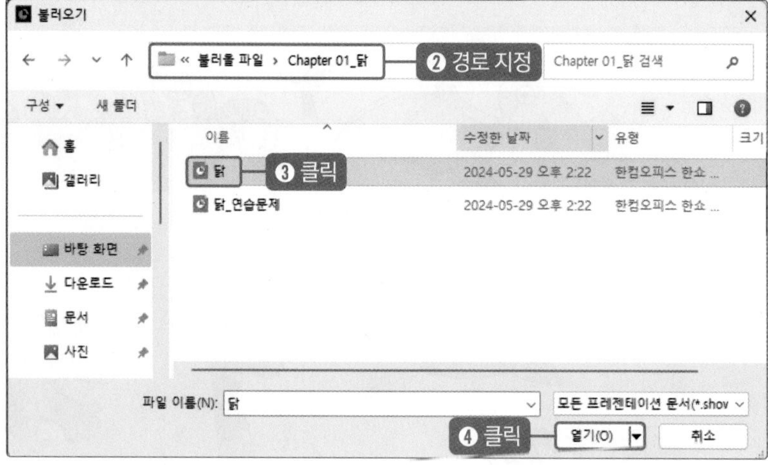

③ 불러온 파일을 이용하여 한쇼의 화면 구성을 살펴볼까요? 꼭꼭 필요한 내용으로만 구성했답니다.

① **메뉴** : 한쇼 작업에 필요한 모든 도구들이 들어있어요. 선택된 메뉴에 따라 보이는 도구들이 달라질 거예요.

② **서식 도구 상자** : 문서를 편집할 때 자주 사용하는 기능들이 아이콘으로 모여있어요.

③ **슬라이드** : 문서를 작업하는 공간으로, 글자나 그림 등을 넣을 수 있어요.

④ **축소판 그림창** : 슬라이드를 미리 볼 수 있는 화면이에요.

⑤ **확대/축소** : 작업 중인 슬라이드를 크게 또는 작게 볼 수 있어요.

2 입력된 글자를 예쁘게 수정해요!

❶ 슬라이드에 입력된 제목 부분에서 **'킨'** 뒤쪽을 클릭해요.

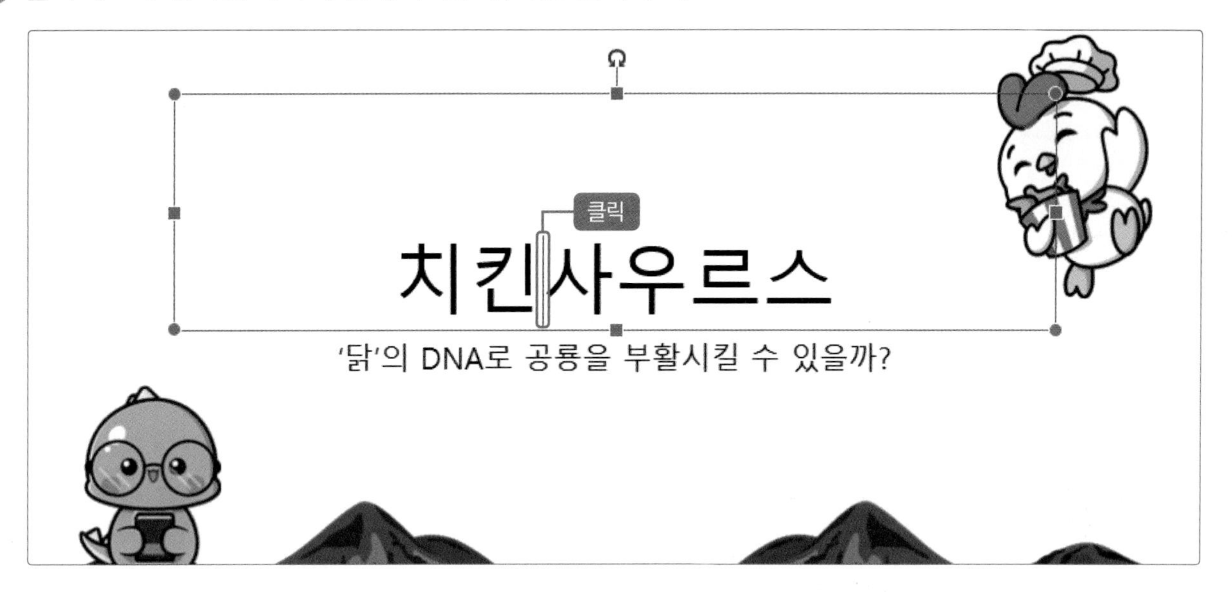

팁 커서에 대해 알아보아요.

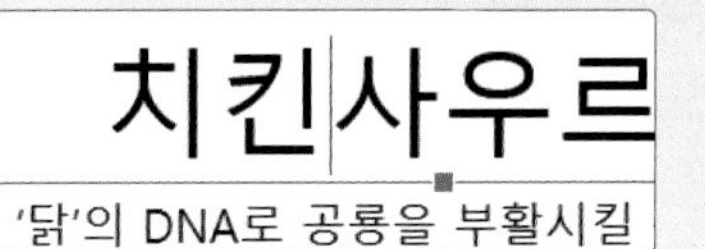

글자 사이를 클릭했더니 기다란 막대기가 깜빡깜빡 하는 것이 보이나요? 우리는 이것을 '커서'라고 부르기로 약속했어요. 컴퓨터에서 글자를 입력하거나 삭제할 때 '커서'를 기준으로 작업한답니다.

❷ [Back Space]를 한 번 눌러 **'킨'** 글자를 지운 다음 **'키노'**를 순서대로 입력해보세요. [Esc]를 눌러 텍스트 선택을 해제할 수 있어요.

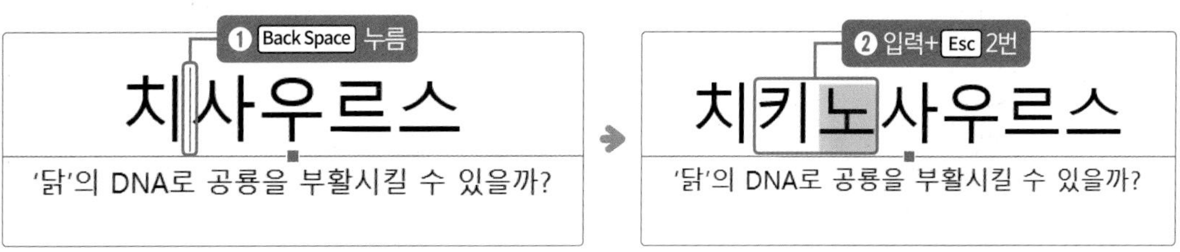

3 디자인 테마를 변경하고 파일을 저장해요!

❶ [서식]-[테마]-☒를 클릭한 다음 원하는 테마를 선택해요. 입력된 글자가 잘 보이는 디자인을 고르는 것이 좋겠죠?

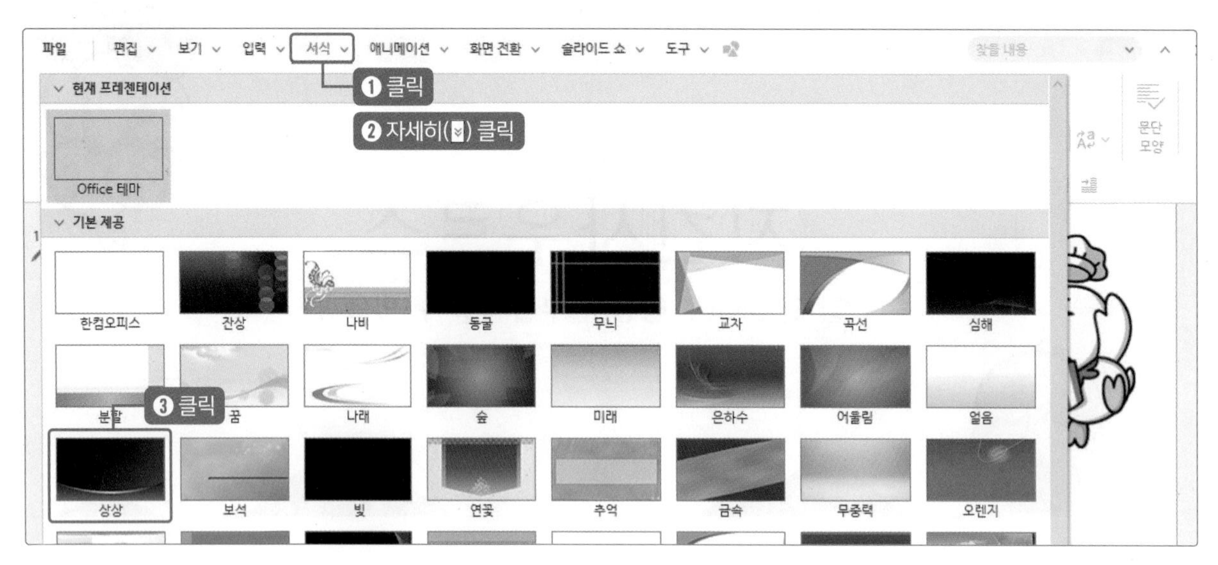

❷ 이번에는 [서식]-[테마색(☒)]을 클릭하여 테마 색을 변경해요.

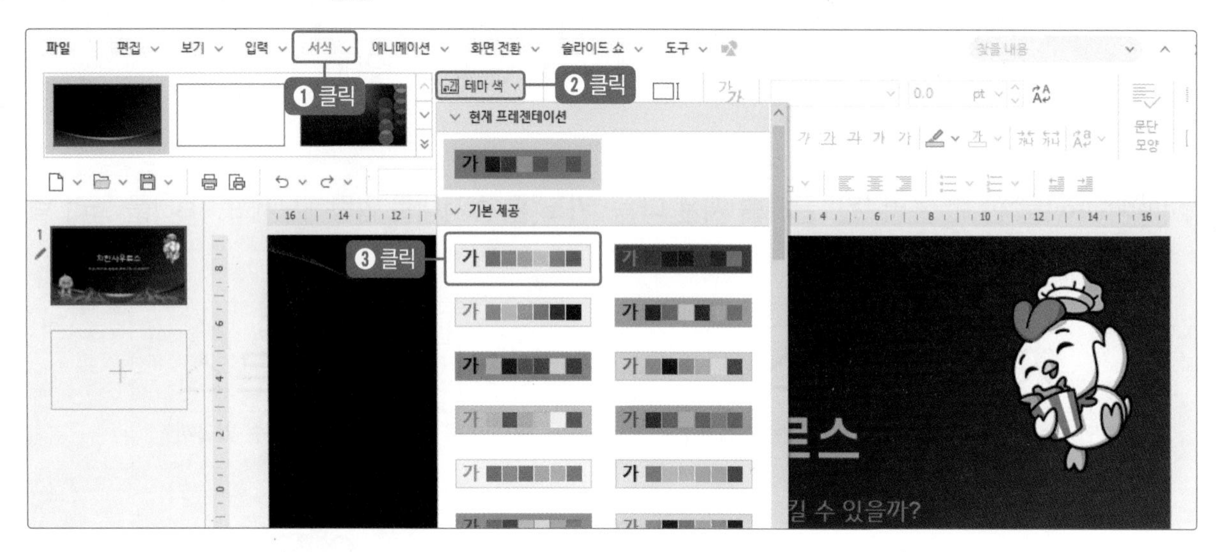

팁 완성된 파일을 저장하는 방법

- [파일]-[저장하기]를 클릭하여 작업한 파일을 저장할 수 있어요.
- Ctrl+S를 눌러 저장할 수 있어요.

❶ [서식]-[테마 글꼴(A)]에서 [글꼴]을 변경해요.

더 멋지게 실력뿜뿜

실습파일 : 닭_연습문제.show 완성파일 : 닭_연습문제(완성).show

❶ 그림과 같이 슬라이드의 제목을 수정하고, 이름을 입력해요.
❷ 디자인 테마, 색, 글꼴을 자유롭게 변경해요.
[서식]-[테마]-▾ / [서식]-[테마 색] / [서식]-[테마 글꼴]
❸ 닭과 공룡 그림을 드래그하여 적당한 곳에 배치해요.

'강아지'가 표현하는 꼬리 언어

학습목표

- ★ 클릭, 드래그를 완벽하게 연습해요.
- ★ 개체를 뒤로 보내거나 앞으로 가져오는 방법을 알아보아요.

실습파일 강아지.show   완성파일 강아지(완성).show

완성 작품 미리보기

동물 이야기

창의 놀이터 오른쪽 눈, 코, 입 아이템 중 원하는 모양을 그려 나만의 귀여운 강아지를 완성해 보세요!

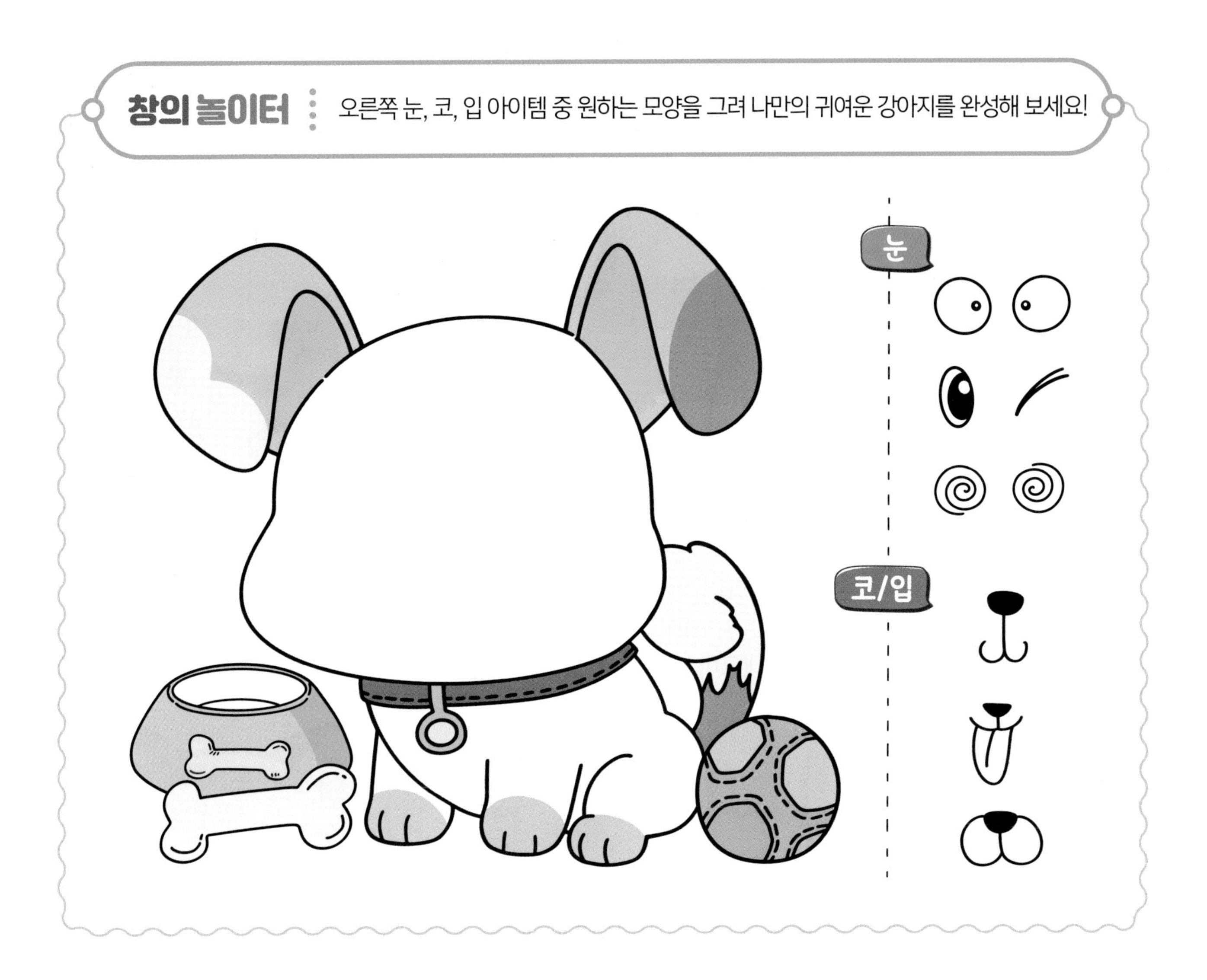

1 알맞은 위치로 그림을 이동하고 크기를 조절해요!

❶ 한쇼 2022 프로그램을 실행하여 [Chapter 02_강아지]-**강아지.show** 파일을 불러와요.

❷ 슬라이드 오른쪽에 있는 여러 가지 그림 중에서 원하는 **눈 모양**을 얼굴 쪽으로 드래그하여 이동시켜요.

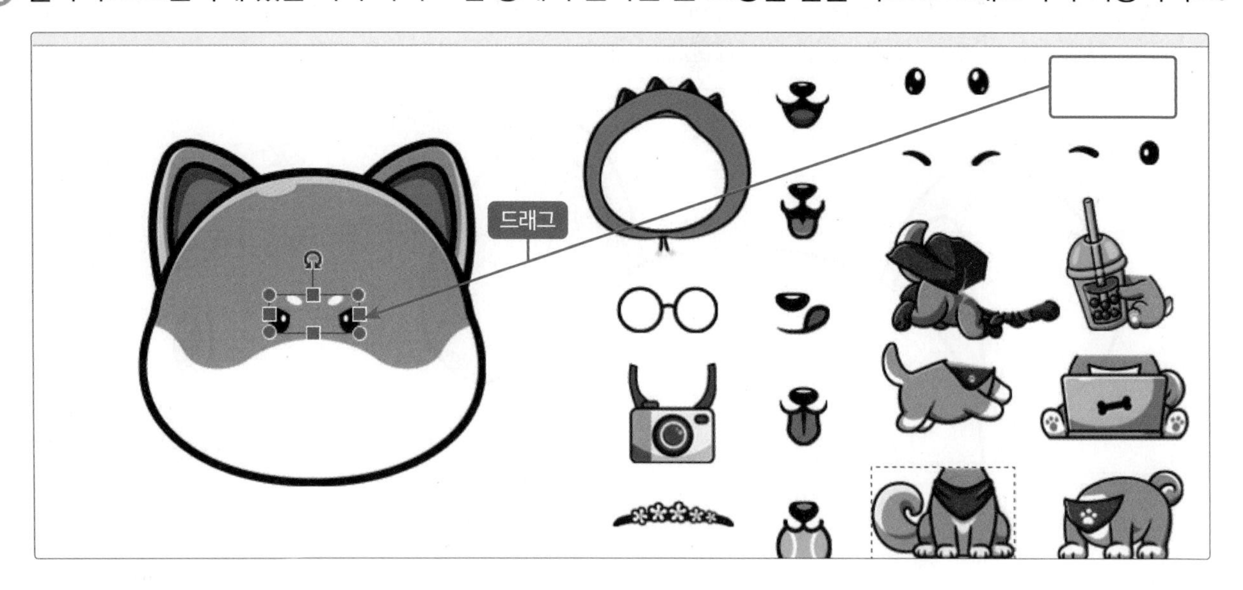

❸ 눈 모양 주변의 조절점( )을 드래그하여 **크기**를 조절해요.

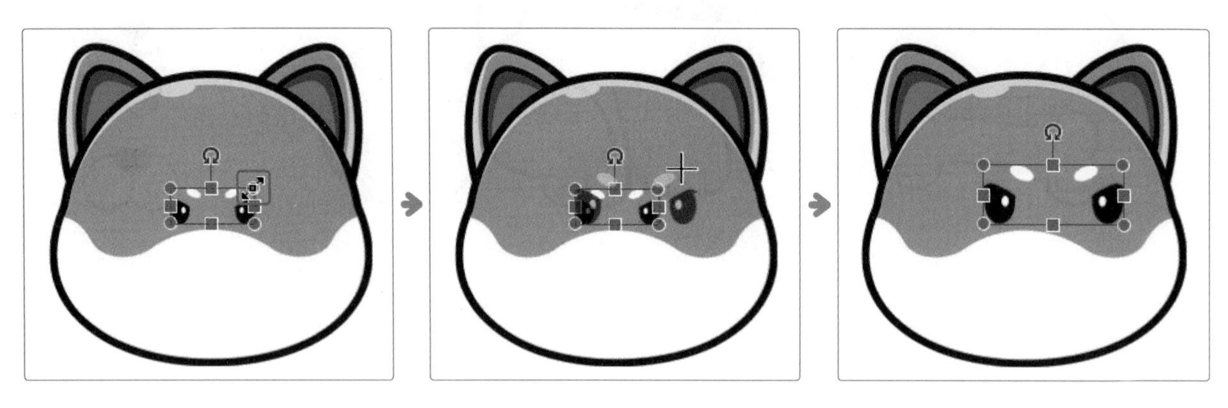

팁 **클릭과 드래그는 어떻게 하나요?**

- 클릭 : 마우스 왼쪽 단추를 한 번 딸깍 눌러요.
- 드래그 : 마우스 왼쪽 단추를 누른 채 원하는 곳으로 이동해요.

❹ 눈 모양의 중앙을 드래그하여 적당한 위치로 이동해요. Esc를 눌러 모든 선택을 해제한 다음 강아지 얼굴을 확인해 볼까요?

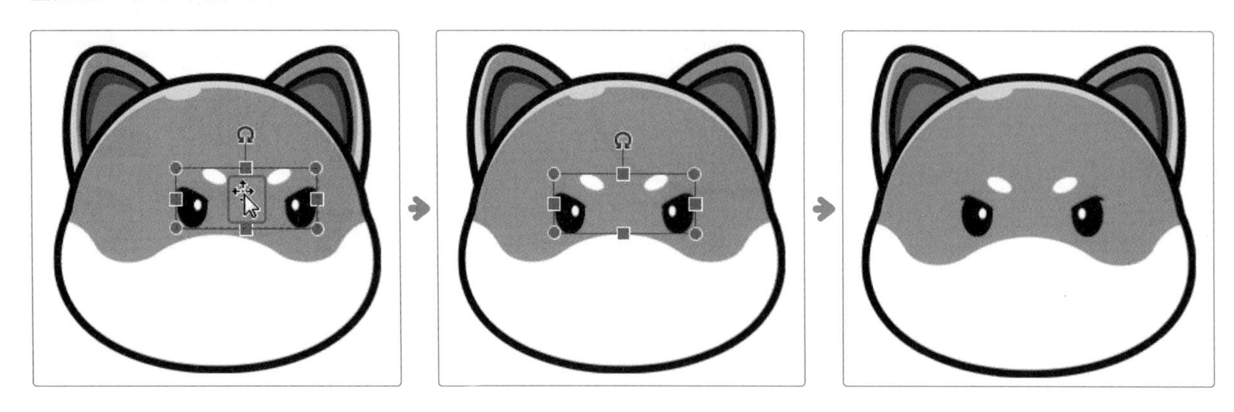

5 똑같은 방법으로 강아지 얼굴에 **코·입 모양**을 만들어보세요.

팁 **다른 그림을 선택하고 싶어요.**

배치한 그림이 마음에 들지 않을 경우에는 [서식 도구 상자]에서 (되돌리기)를 클릭하여 이전 작업으로 돌아간 다음 원하는 그림을 다시 드래그해 보세요.

2 그림을 앞으로 가져오거나 뒤로 보내요!

1 이번에는 강아지의 몸통을 만들어 볼게요. 슬라이드 오른쪽에서 원하는 강아지의 **몸통**을 드래그하여 이동시켜요.

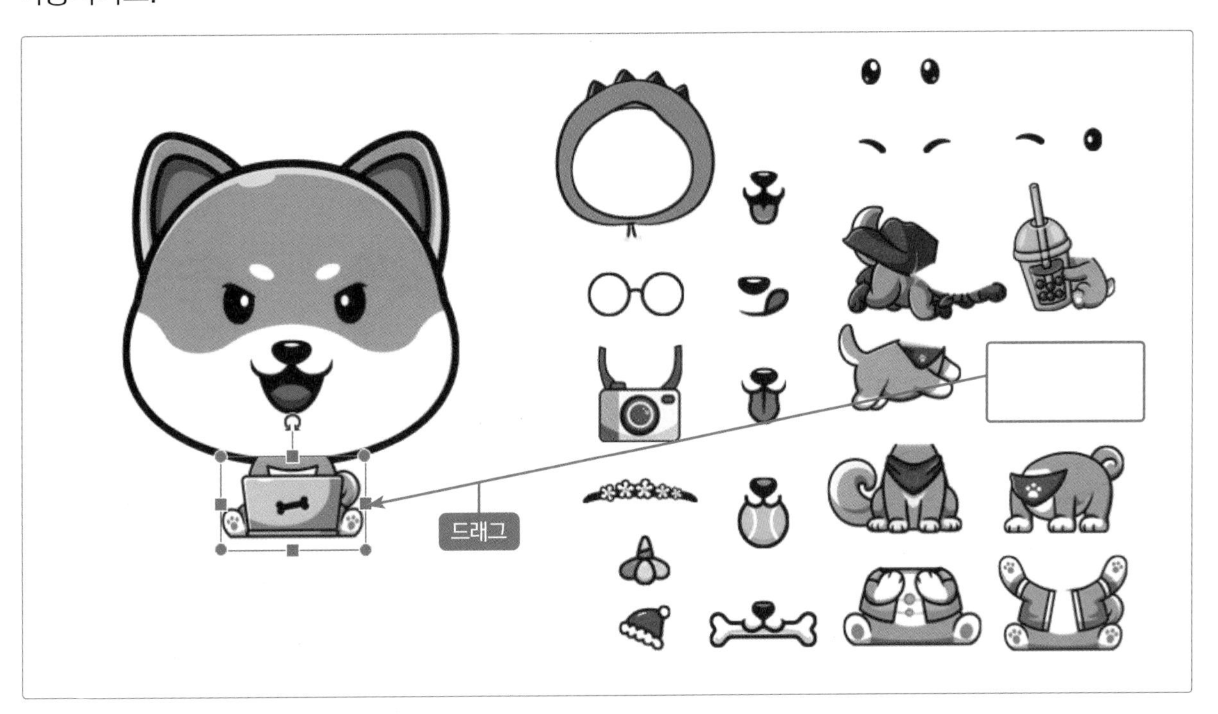

2 몸통의 크기를 조절한 다음 얼굴과 겹치도록 위치를 맞춰주세요.

팁 크기 조절 및 위치 변경

- 그림이나 도형의 '크기'를 조절할 때는 조절점( )에 마우스 포인터를 위치시킨 후 드래그하여 크기를 조절해요.
- 그림이나 도형의 '위치'를 변경할 때는 개체의 가운데 부분에 마우스 포인터를 위치시킨 후 원하는 곳으로 이동시켜요.

3 몸통 위에서 마우스 오른쪽 버튼을 눌러 **[순서]-[맨 뒤로]**를 클릭한 다음 몸통의 크기와 위치를 다시 조절하여 자연스럽게 만들어요.

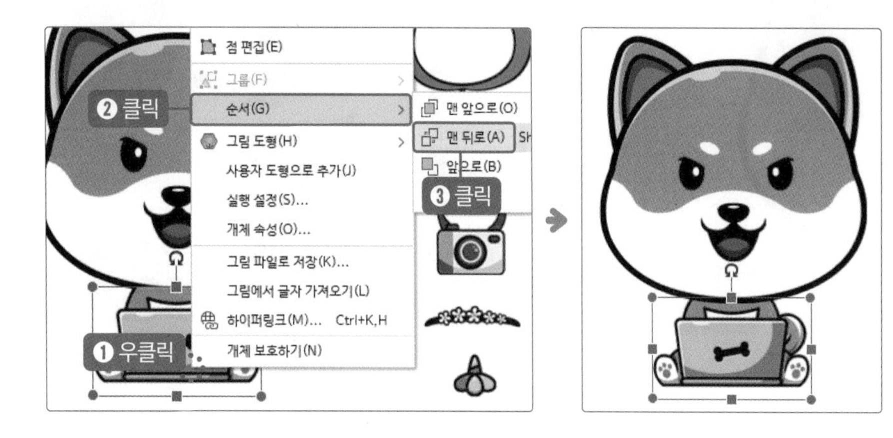

팁 맨 뒤로와 맨 앞으로

그림이나 도형 등을 겹칠 경우에는 뒤쪽 또는 앞쪽 순서에 맞추어 잘 배치하도록 해요.

작품을 완성해요

❶ 슬라이드 주변에 있는 여러 가지 그림을 활용하여 귀여운 강아지를 완성해 보세요.

더 멋지게 실력뿜뿜

실습파일 : 강아지_연습문제.show **완성파일** : 강아지_연습문제(완성).show

❶ 슬라이드의 오른쪽 그림을 이용하여 강아지의 얼굴과 몸통을 완성해요.

썰매를 끄는 루돌프 '순록'

학습목표

★ 여러 가지 도형을 삽입해요.
★ 도형의 색상과 윤곽선의 서식을 변경해요.

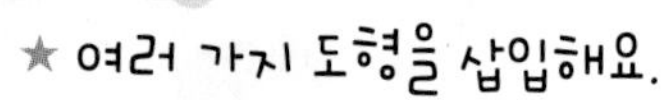

실습파일 순록.show　　완성파일 순록(완성).show

완성 작품 미리보기

동물 이야기

창의 놀이터 크리스마스와 관련된 그림의 반대편 모양을 예쁘게 그려 완성해 보세요!

1 도형을 삽입하고 크기를 변경해요!

❶ 한쇼 2022 프로그램을 실행하여 [Chapter 03_순록]-**순록.show** 파일을 불러와요.

❷ [입력]-[도형]-⌄ → [별 및 현수막-**포인트가 5개인 별(☆)**]을 선택해요.

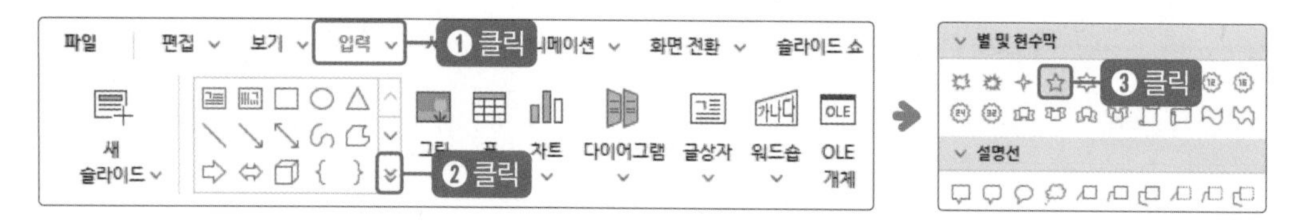

❸ 트리 윗 부분에 드래그하여 별 모양 도형을 그려주세요.

팁 **도형을 그릴 때 알아두세요!**

- 크기 조절 : 크기 조절점(□)을 드래그해요.
- 위치 변경 : 도형의 중앙을 드래그해요.
- 모양 변경 : 노란색 점을 드래그해요.

❹ 도형 안쪽의 **노란색 조절점**을 바깥쪽으로 드래그하여 별 모양을 변형시켜요.

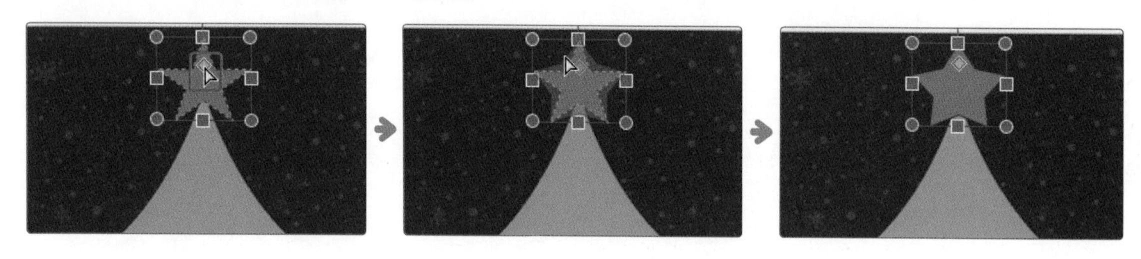

2 도형의 색상과 선 없음을 지정해요!

❶ 별을 선택한 다음 [도형()]-[도형 채우기] → **[노랑]**을 클릭해요.

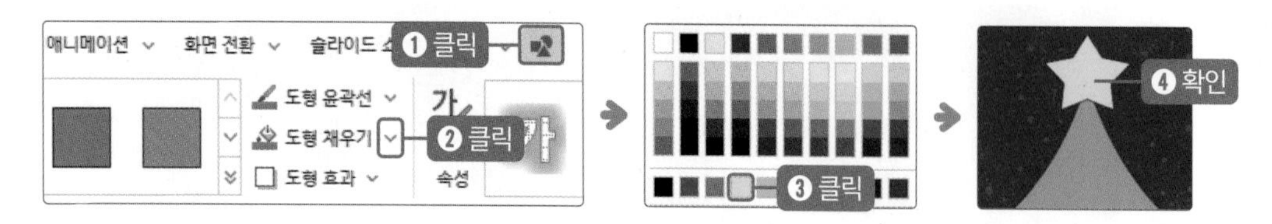

팁 **더 많은 색상을 고르는 방법을 알려주세요!**

[도형()]-[도형 채우기]에서 [팔레트]/[스펙트럼] 탭을 클릭하면 다양한 색상을 선택할 수 있어요.

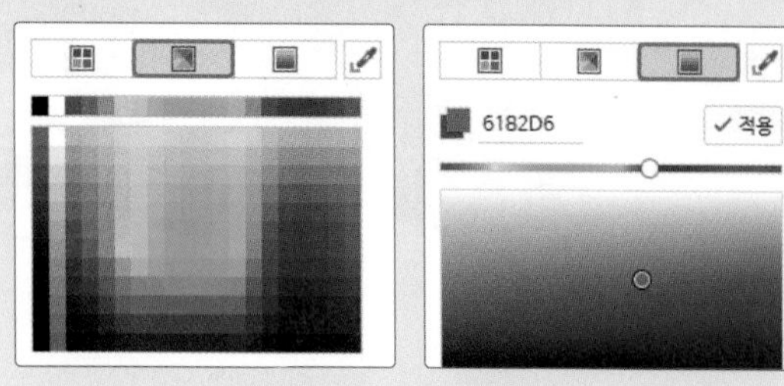

❷ 이번에는 [도형( )]-[도형 윤곽선] → **[없음]**을 클릭해요.

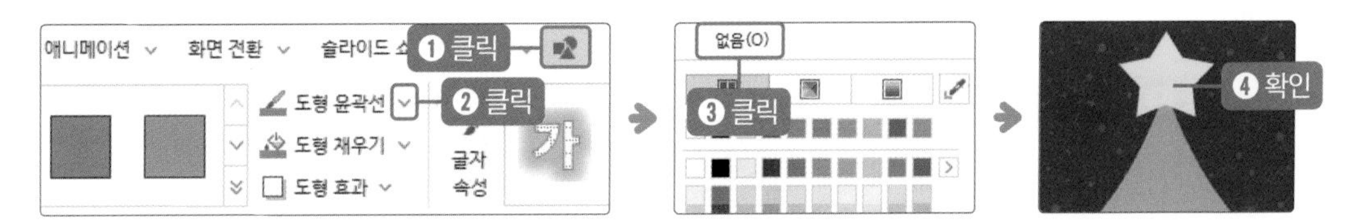

3 곡선을 삽입하고 윤곽선의 서식을 변경해요!

❶ [입력]-[도형]- → [선-**곡선**( )]을 선택해요.

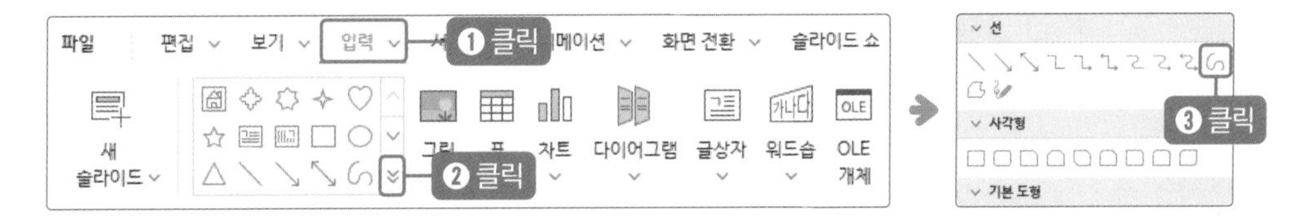

❷ 아래 작업 순서를 참고하여 곡선을 그려요.

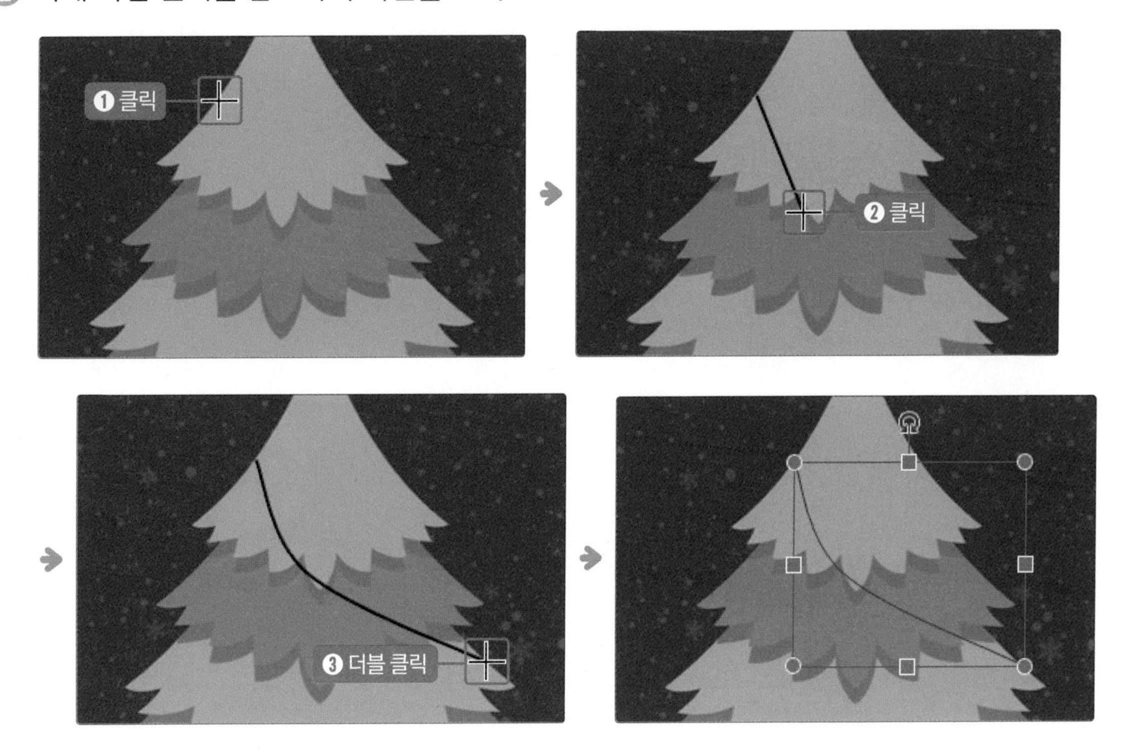

❸ 만들어진 곡선을 선택한 다음 [도형( )]-[도형 윤곽선] → **[선 굵기]**와 **[선 종류]**를 변경하고 원하는 색상을 선택해요.

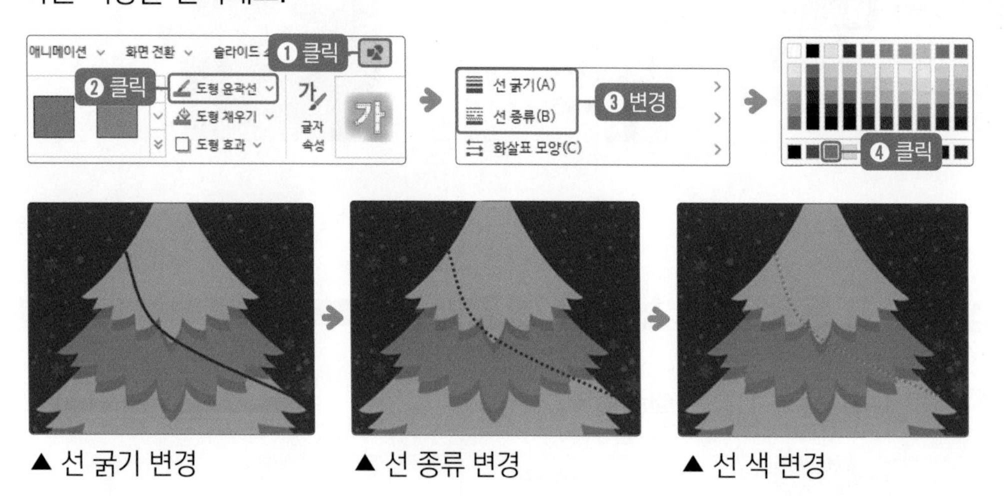

▲ 선 굵기 변경 ▲ 선 종류 변경 ▲ 선 색 변경

❹ 똑같은 방법으로 곡선을 몇 개 더 만들어보세요.

작품을 완성해요 ›››

❶ 슬라이드 주변에 있는 여러 가지 그림을 활용하여 예쁜 트리를 완성해 보세요. 만약 곡선 때문에 그림이 가려진다면 마우스 오른쪽 버튼을 눌러 [순서]-[맨 뒤로]를 이용해보세요.

더 멋지게 실력뿜뿜

실습파일 : 순록_연습문제.show **완성파일** : 순록_연습문제(완성).show

- **순록의 눈 :**
  [기본 도형-타원(◯)]
  → 채우기 색(검정, 흰색)
  → 선 색(선 없음)
- **순록의 볼 :**
  [기본 도형-하트(♡)]
  → 채우기 색(노랑)
  → 선 색(선 없음)

❶ 오른쪽에 제시된 도형을 삽입하여 순록 캐릭터 얼굴을 완성해 보세요.
❷ [별 및 현수막]에서 다양한 별 모양을 삽입하여 예쁘게 슬라이드 배경을 완성해보세요.

사막의 상징 '낙타'

학습목표

★ 슬라이드의 레이아웃을 변경한 후 제목을 입력해요.
★ 도형에 도형 속성 스타일을 적용하고 텍스트 서식을 변경해요.

실습파일 낙타.show　　완성파일 낙타(완성).show

완성 작품 미리보기

동물 이야기

창의 놀이터 사막과 관련된 그림이 있어요. 단어 카드를 참고해 알맞은 이름을 적어보세요!

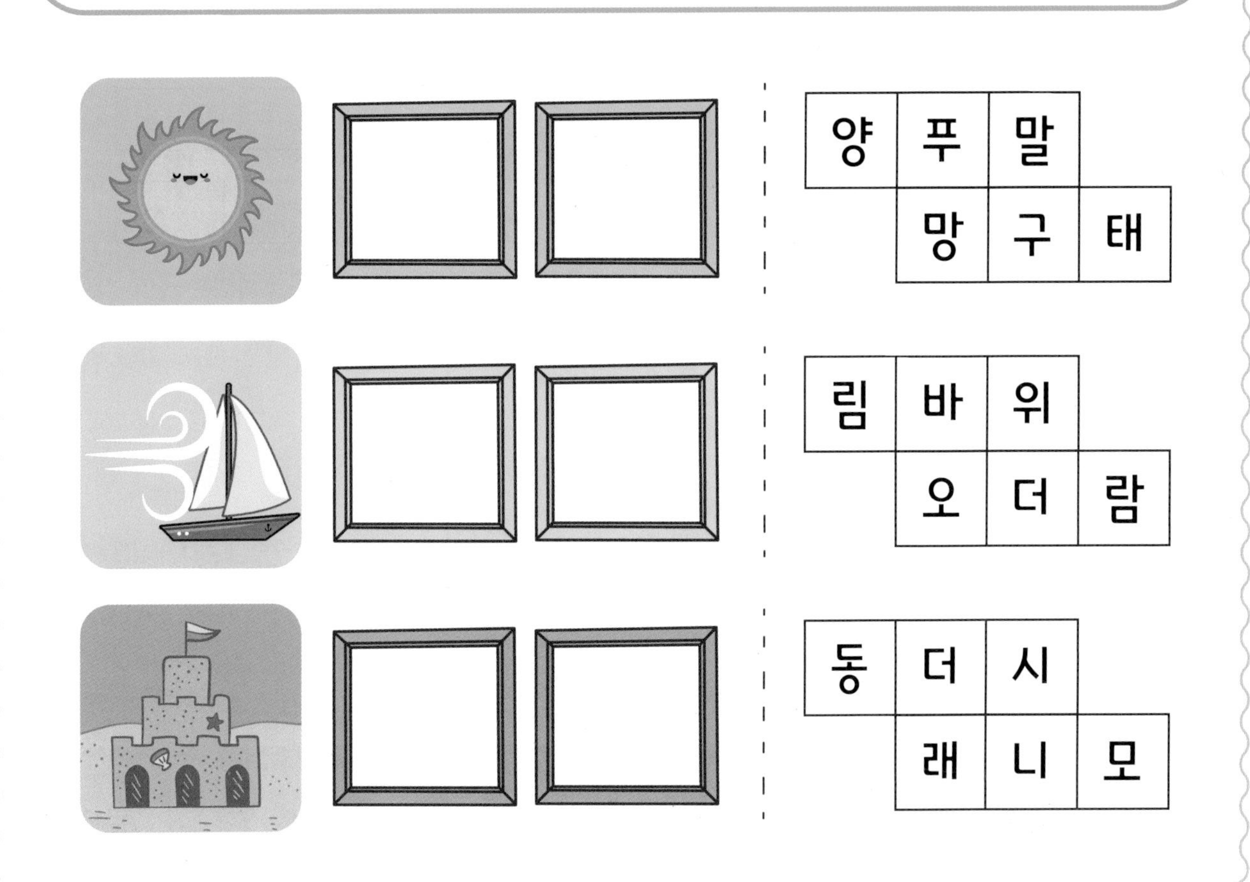

1 레이아웃을 변경하고 제목을 입력해요!

❶ 한쇼 2022 프로그램을 실행하여 [Chapter 04_낙타]-**낙타.show** 파일을 불러와요.

② 슬라이드에 제목을 입력할 수 있도록 레이아웃을 변경해 보아요. [편집]-[레이아웃(▭)] → **[제목만]** 을 선택해요.

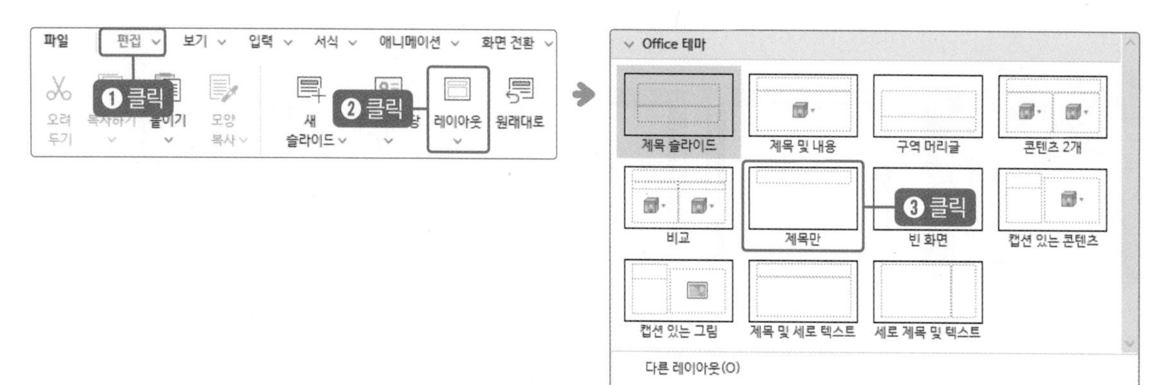

팁 레이아웃이 무엇인가요?

슬라이드를 꾸밀 때 글이나 그림을 보기 좋게 배치할 수 있도록 도와주는 틀이에요. 상황에 따라 필요한 레이아웃을 선택하여 작업하면 더욱 편리할 거예요.

③ **'제목을 입력하십시오'**를 클릭한 다음 슬라이드의 제목을 입력해요.

2 입력한 제목의 서식을 변경해요!

① 입력된 글자를 빠르게 세 번 클릭하여 블록으로 지정해요.

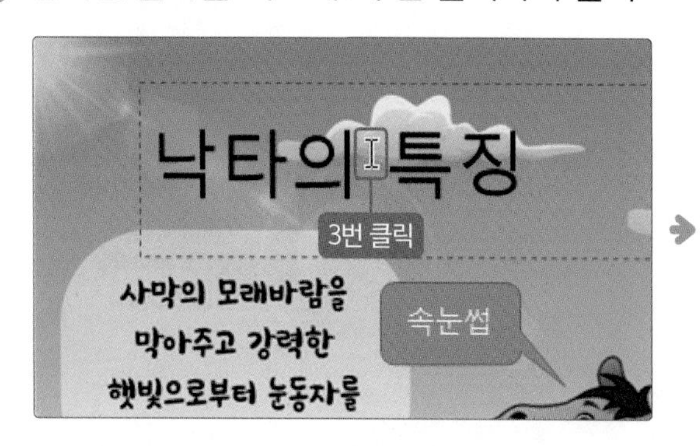

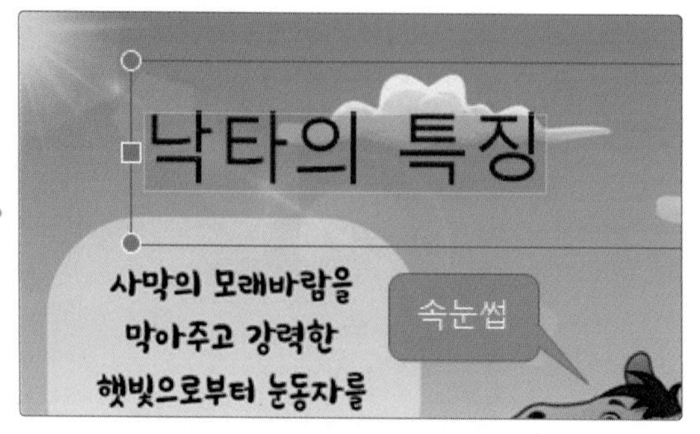

❷ [서식 도구상자]에서 **글꼴, 글꼴 크기, 글자 색**을 원하는 대로 지정한 다음 **그림자(가)**를 선택해요.

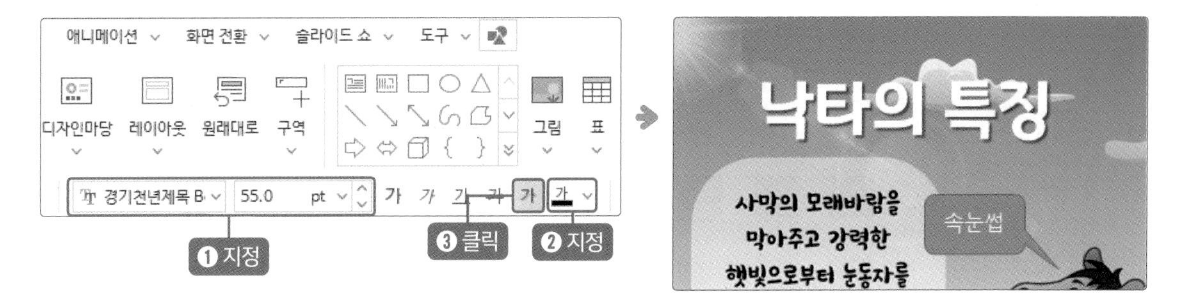

팁 **글자의 색상이 바뀌지 않는 것 같아요.**

내용이 블록으로 지정되어 있을 때는 정확한 색을 확인하기 어려워요. Esc를 눌러 블록을 해제한 다음 변경된 색상을 확인해보세요.

❸ 이번에는 **'낙타'**만 드래그하여 블록으로 지정한 다음 **글꼴 크기**와 **글자 색**을 변경해요.

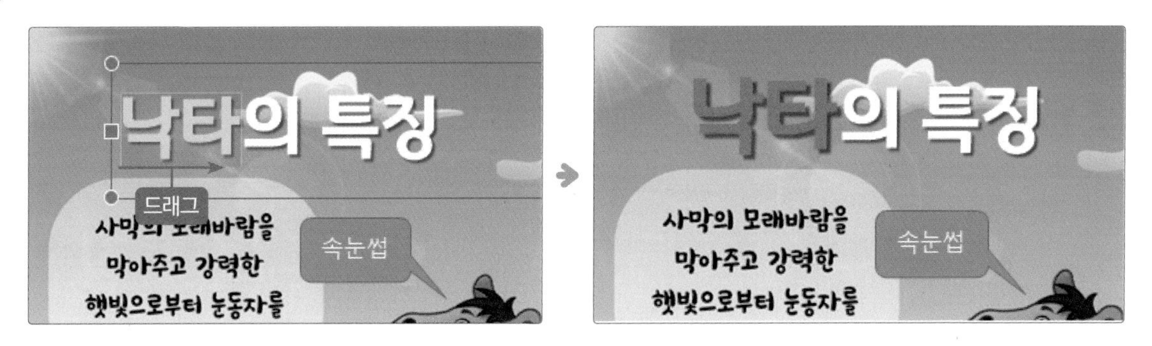

❹ 제목 글상자 안쪽을 클릭하고 [서식 도구상자]에서 **[오른쪽 정렬( )]**을 선택해요.

3 도형 속성의 스타일을 적용해요!

❶ **'혹'**이 입력된 도형을 클릭한 다음 [도형( )]-[도형 속성]-⌄을 클릭하여 원하는 스타일을 선택해요.

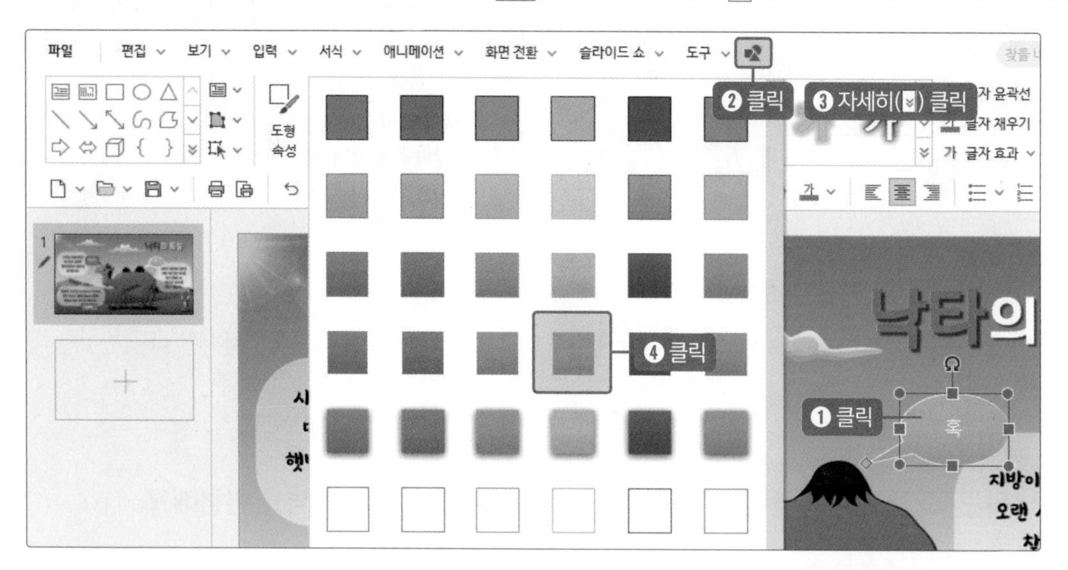

❷ 똑같은 방법으로 나머지 도형의 스타일도 변경해 보세요.

팁 **스타일은 무엇인가요?**

한쇼에서는 도형이나 그림 등에 스타일을 적용할 수 있어요. 스타일을 사용하면 도형의 테두리, 색상, 그림자와 같은 여러 가지 효과를 클릭 한 번만으로 쉽게 적용할 수 있기 때문에 편리하답니다.

❶ [서식 도구상자]를 이용하여 도형 안에 입력된 글자들의 서식을 변경해 보세요.

더 멋지게 실력뿜뿜

실습파일 : 낙타_연습문제.show **완성파일** : 낙타_연습문제(완성).show

❶ 레이아웃을 '제목만'으로 변경한 후 슬라이드의 제목을 입력하고 글꼴 서식을 변경해요.
❷ 화분에 사용된 도형을 선택한 다음 도형 스타일을 변경해요.
❸ 슬라이드 주변의 그림을 드래그하여 선인장 화분을 완성해요.

'코끼리'의 코가 길어진 이유

학습목표

★ 복사하기와 붙이기를 연습해요.
★ 여러 가지 방법으로 개체를 회전해 보아요.

실습파일 코끼리.show 완성파일 코끼리(완성).show

완성 작품 미리보기

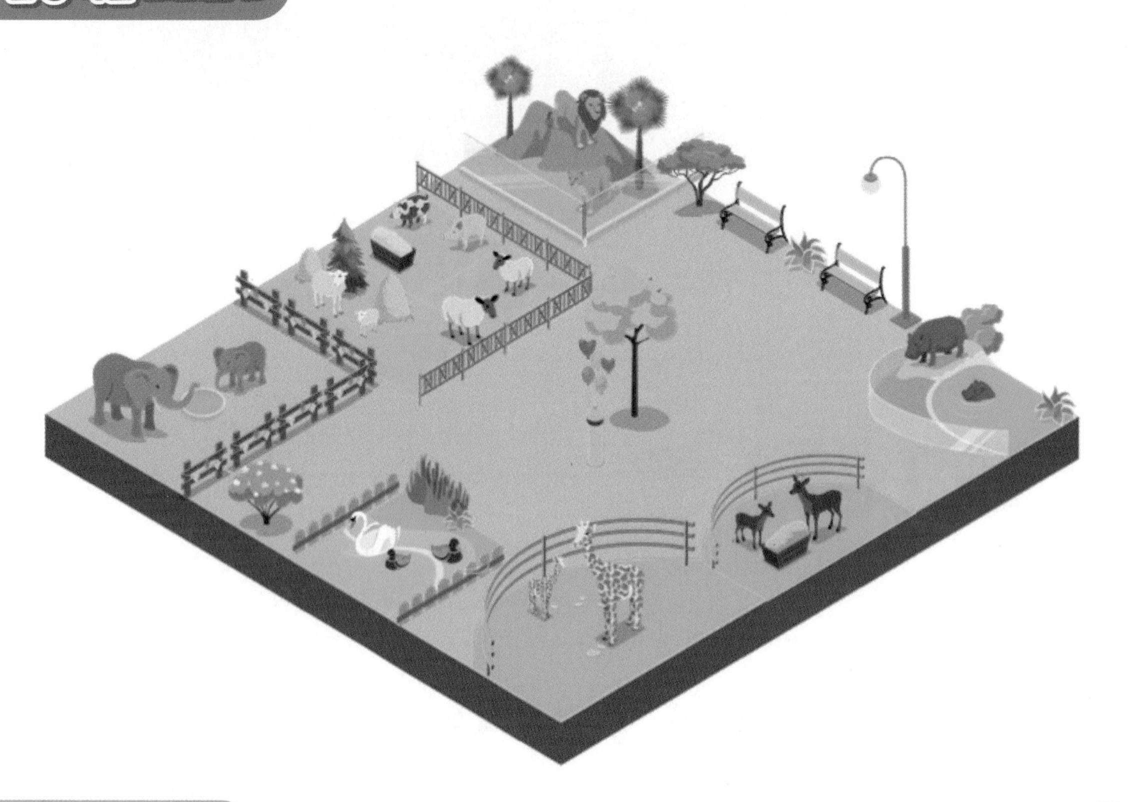

동물 이야기

창의 놀이터 커다란 귀와 길쭉한 코가 매력적인 코끼리를 따라 그려보세요!

1 복사하기와 붙이기를 연습해요!

❶ 한쇼 2022 프로그램을 실행하여 [Chapter 05_코끼리]-**코끼리.show** 파일을 불러와요.

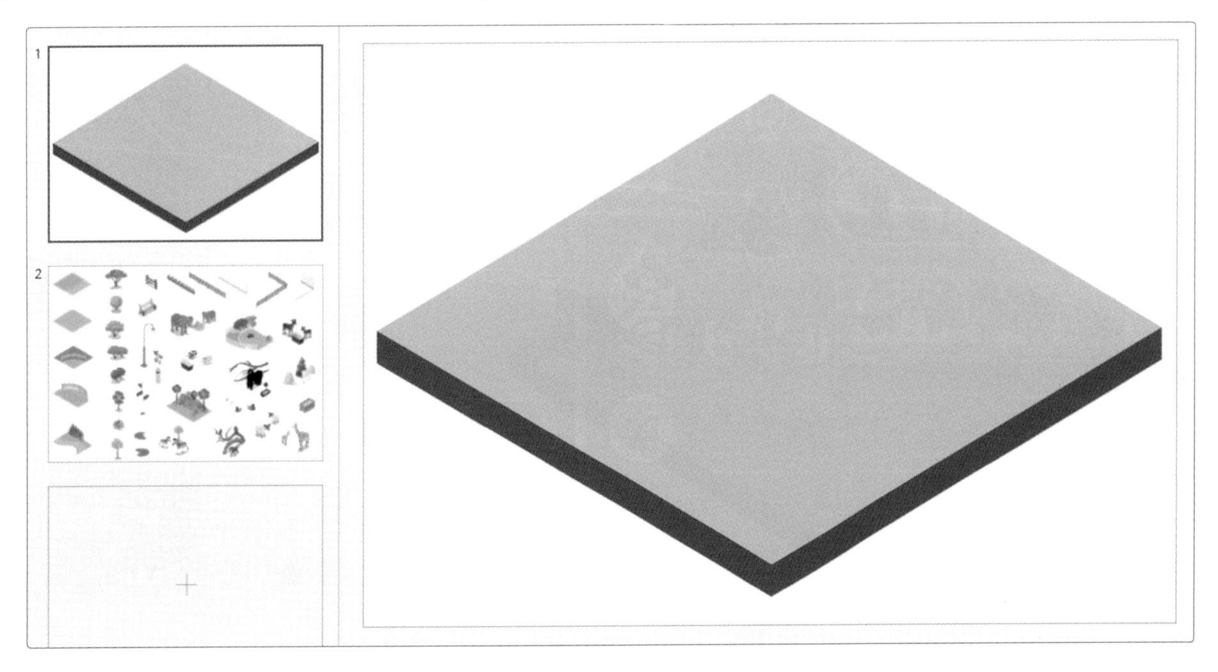

❷ [슬라이드 2]에서 **하마**를 찾아 선택한 다음 해당 그림 위에서 마우스 오른쪽 버튼을 눌러 **[복사하기]**를 클릭해요.

❸ 다음은 복사한 하마를 [슬라이드 1]로 옮겨볼게요. [슬라이드 1]에서 마우스 오른쪽 버튼을 눌러 **[붙이기]**를 선택해요.

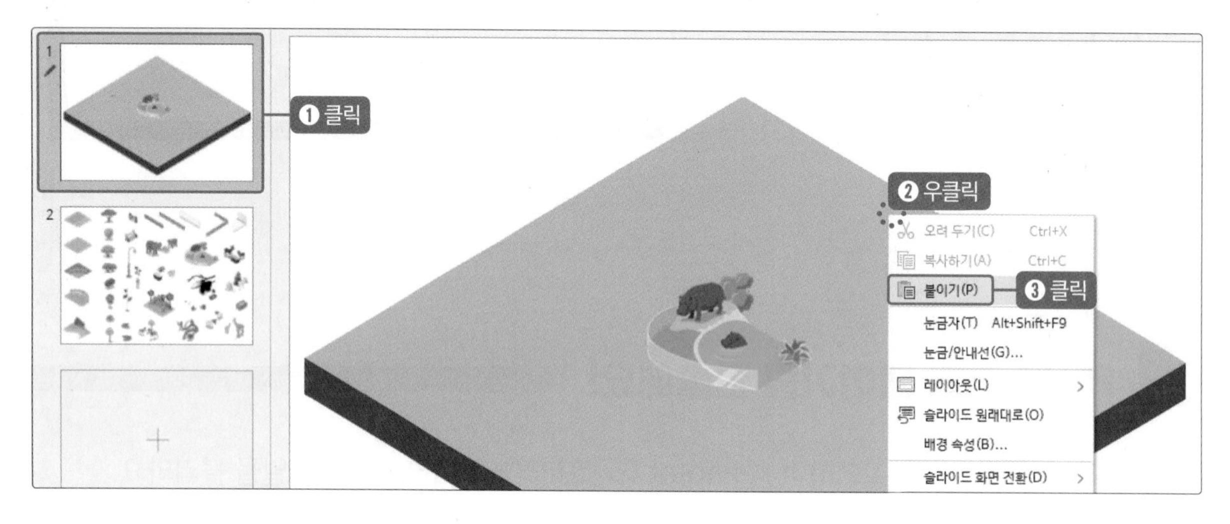

❹ 하마를 원하는 위치로 이동시켜요. 똑같은 방법으로 **코끼리**를 [슬라이드 1]로 가져와 배치해 볼까요?

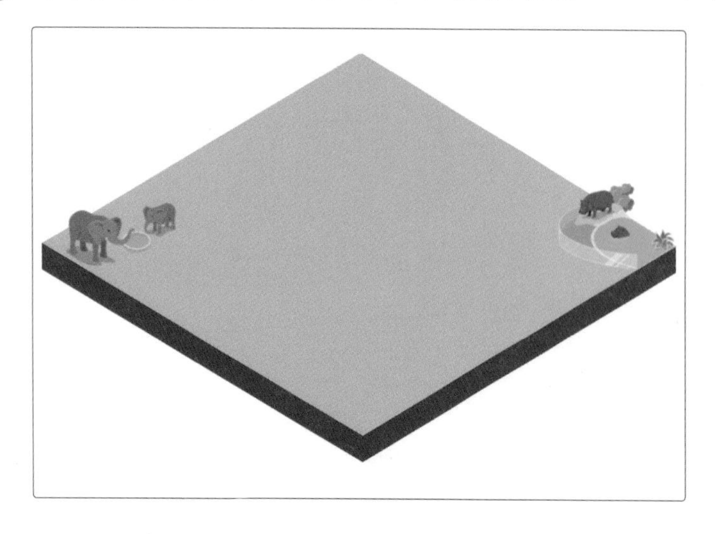

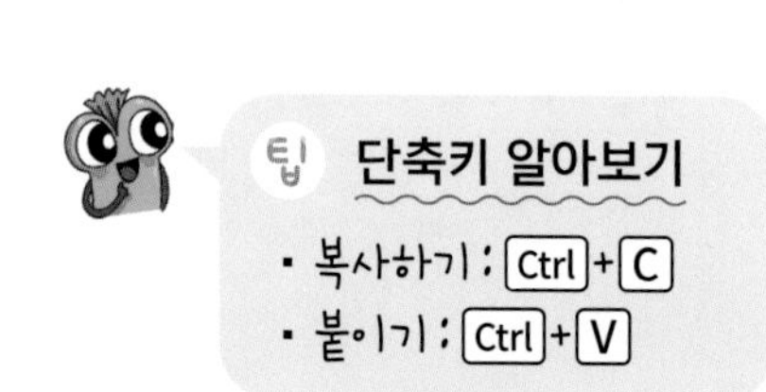

2 같은 슬라이드에 있는 그림을 복사하고 대칭해요!

❶ 코끼리 주변을 나무 울타리로 꾸며볼 거예요. [슬라이드 2]에서 첫 번째 울타리를 복사한 다음 [슬라이드 1]에 붙여 넣고 이동시켜요.

❷ Ctrl 을 누른 채 울타리를 드래그하여 복사해 보세요.

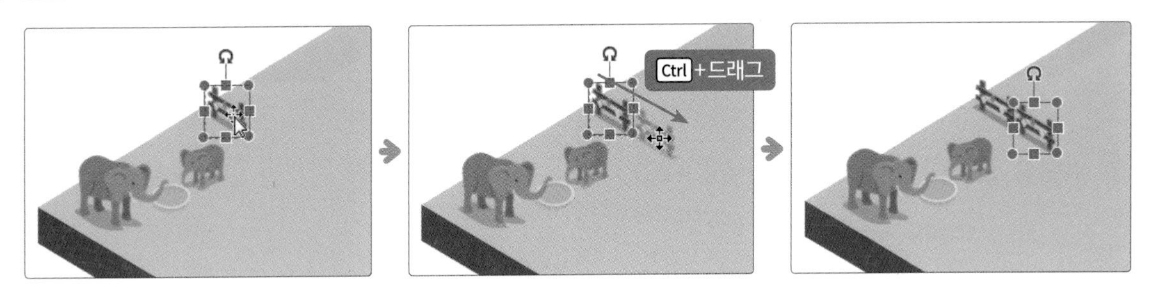

팁 **울타리의 위치가 잘 맞지 않아요!**

울타리가 선택된 상태에서 키보드의 방향키(←, →, ↑, ↓)를 이용하여 움직이면 그림을 미세하게 조절할 수 있어요.

❸ 울타리가 아직 좁아 보이네요. 똑같은 방법으로 울타리를 **두 개 더 복사**해 주세요.

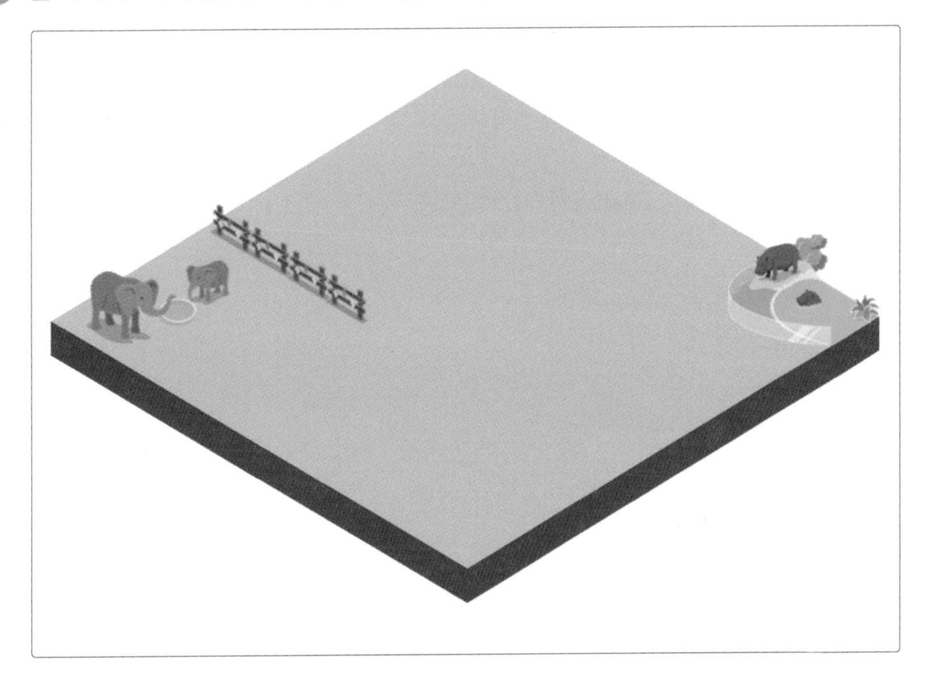

❹ 이번에는 울타리의 방향을 바꿔서 완성해 보도록 할게요. 맨 마지막 울타리를 선택하고 [그림( )]-[회전( )] → **[좌우 대칭]**을 클릭해요.

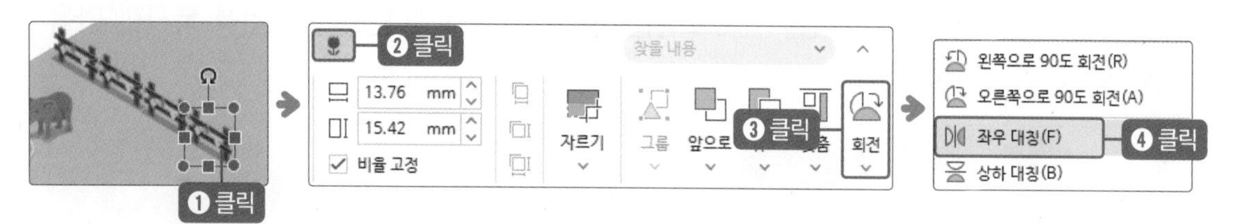

❺ 회전된 울타리의 위치를 알맞게 변경한 다음 아래 그림처럼 울타리를 복사해주세요.

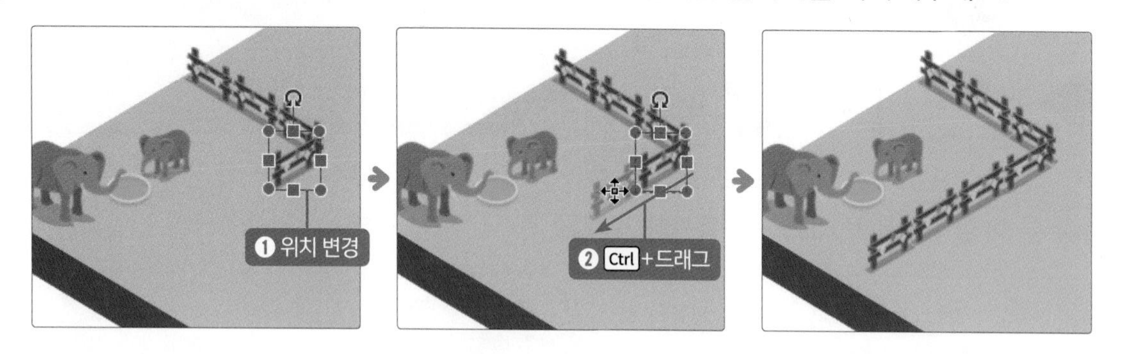

❻ 다음 과정을 참고하여 울타리를 선택한 다음 키보드 방향키로 울타리 위치를 알맞게 맞춰요.

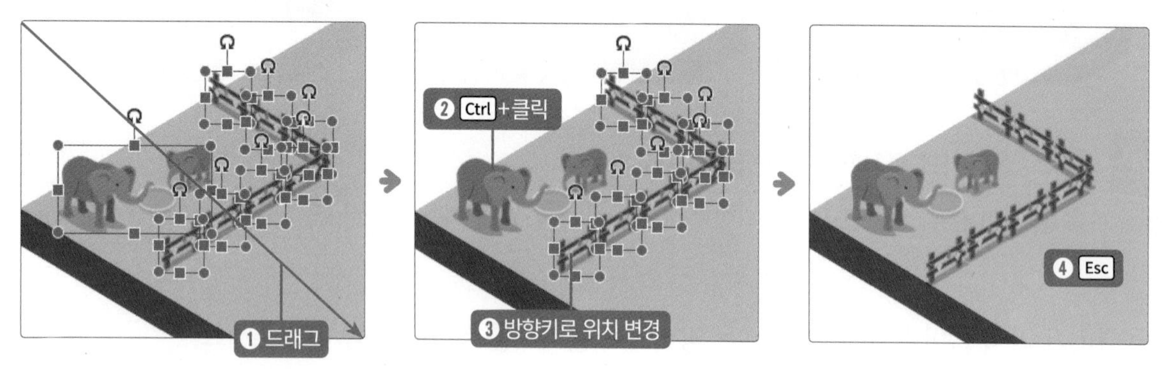

팁 **동물원을 만들 때 참고해 주세요!**

- 그림이 작아서 선택이 어려울 때 : 프로그램 오른쪽 아래에 확대/축소(80%)를 이용하여 적당한 크기로 확대하여 작업해 보세요.
- 원하는 순서대로 그림이 배치되지 않을 때 : [순서]-[맨 뒤로] 또는 [순서]-[맨 앞으로] 기능을 이용해 보세요.

작품을 완성해요 >>>

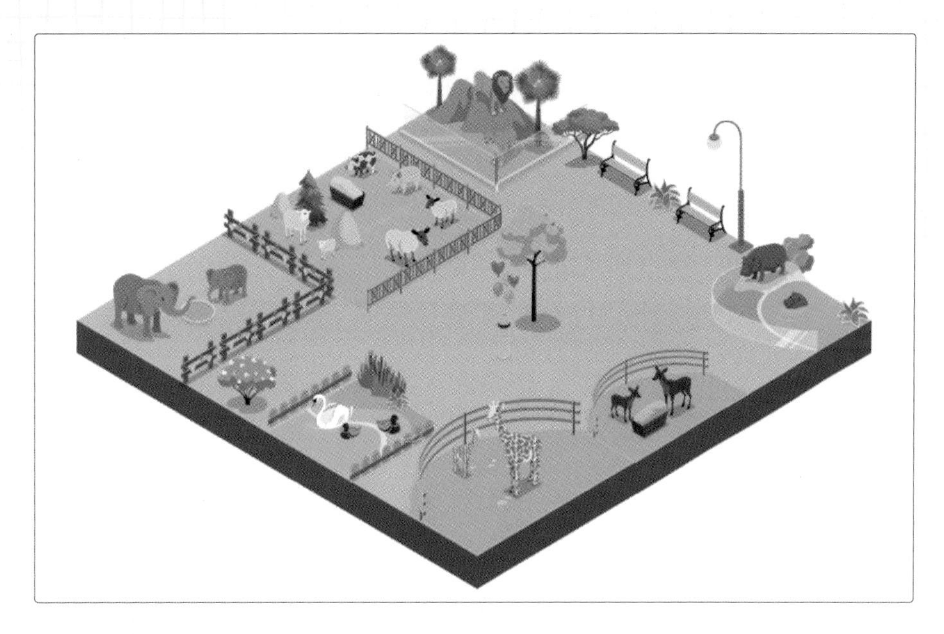

❶ [슬라이드 2]의 다양한 그림들을 활용하여 멋진 동물원을 완성해 보세요..

더 멋지게 실력뿜뿜

실습파일 : 코끼리_연습문제.show **완성파일** : 코끼리_연습문제(완성).show

❶ [슬라이드 2]의 코끼리 관련 그림들을 [슬라이드 1]로 복사하여 귀여운 코끼리 두 마리를 완성해요.
❷ [슬라이드 2]의 하트 모양 그림들을 활용하여 슬라이드 배경을 꾸며요.

'조개'가 진주를 만드는 방법

학습목표

★ 도형에 여러 가지 효과를 적용해요.

★ 나타내기 애니메이션을 추가해요.

실습파일 조개.show   완성파일 조개(완성).show

완성 작품 미리보기

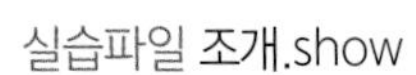

동물 이야기

조개는 **이물질 청소**를 못해요.

그래서 **이물질**을 열심히 감싸 **반죽**하는데,

이것이 **굳어져** 만들어진 것이 바로 **진주**!!

창의 놀이터 조개와 함께 사는 해양생물들의 글자가 뒤집어져 있어요. 알맞게 고쳐 적어보세요!

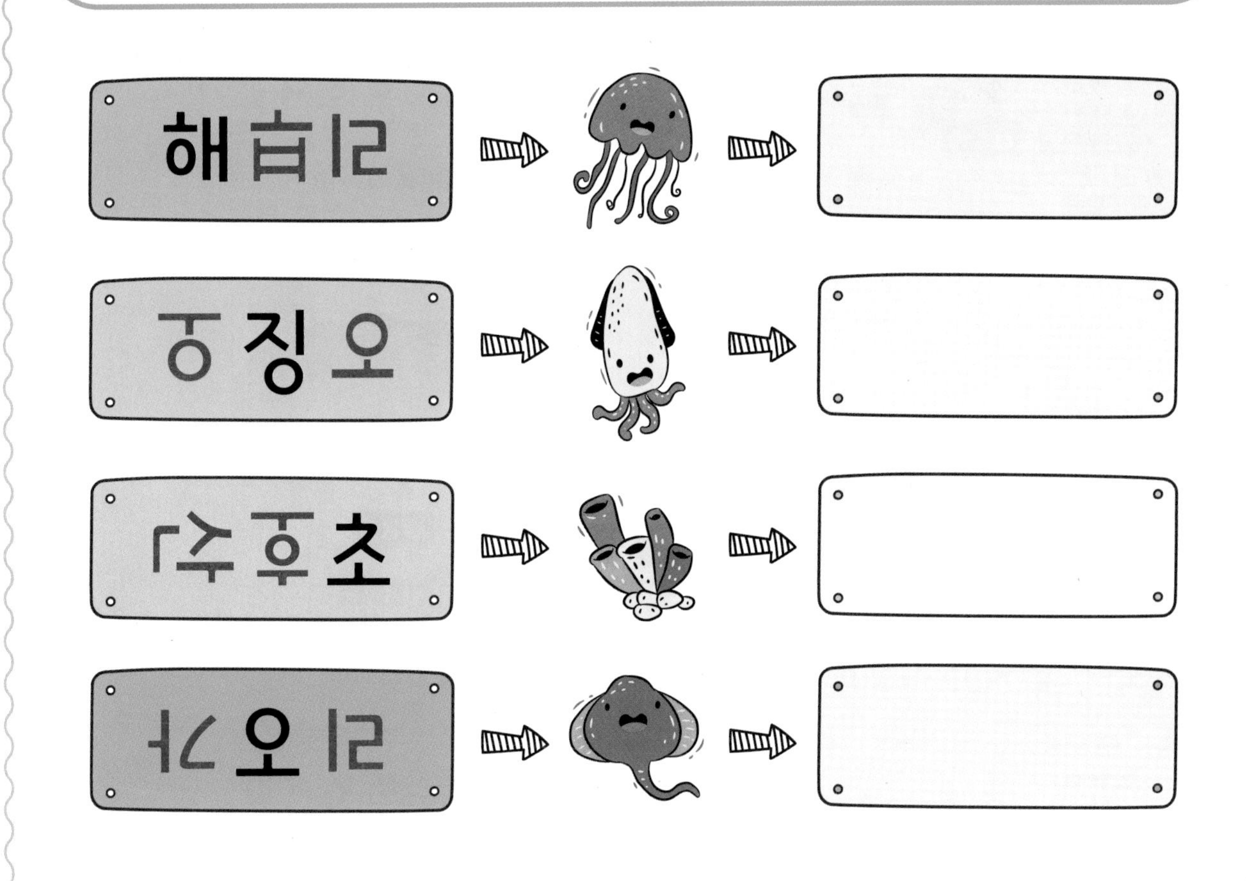

1 도형에 효과를 적용해요!

❶ 한쇼 2022 프로그램을 실행하여 [Chapter 06_조개]-**조개.show** 파일을 불러와요.

② 조개껍데기 안의 원 도형을 선택한 다음 [도형( )]-[도형 효과( )] → **[장식]**에서 원하는 효과를 선택해요.

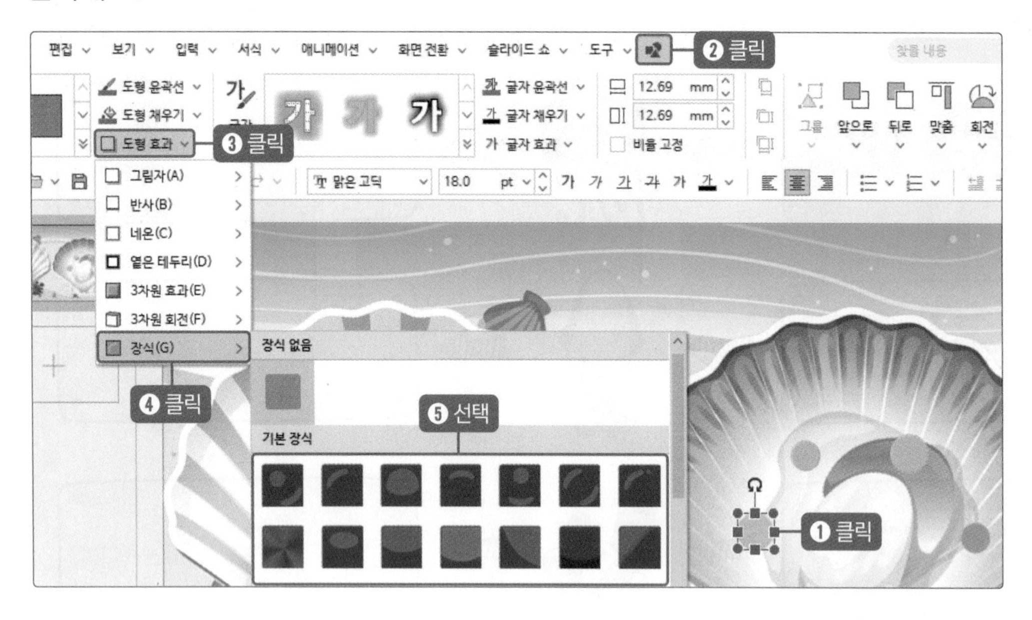

③ 이번에는 [도형( )]-[도형 효과] → **[네온]**에서 원하는 네온 효과를 선택해요.

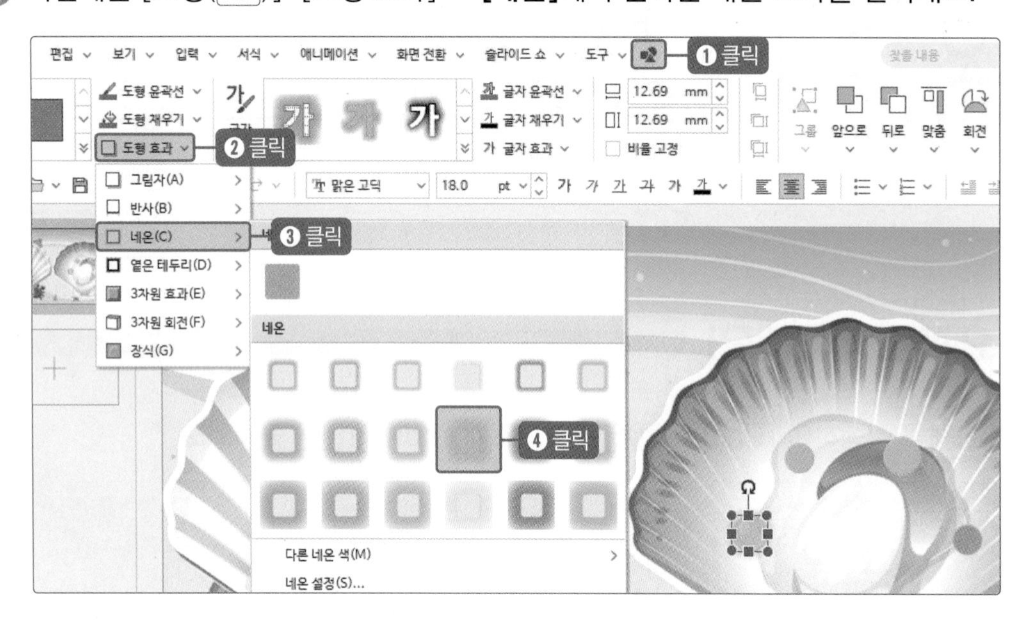

④ 똑같은 방법으로 나머지 도형에도 여러 가지 효과를 적용해볼까요?

2 진주 도형에 애니메이션을 추가해요!

❶ 첫 번째 진주를 선택한 다음 [애니메이션]-[애니메이션 추가(✦+)] → [나타내기 다른 효과]를 클릭해요.

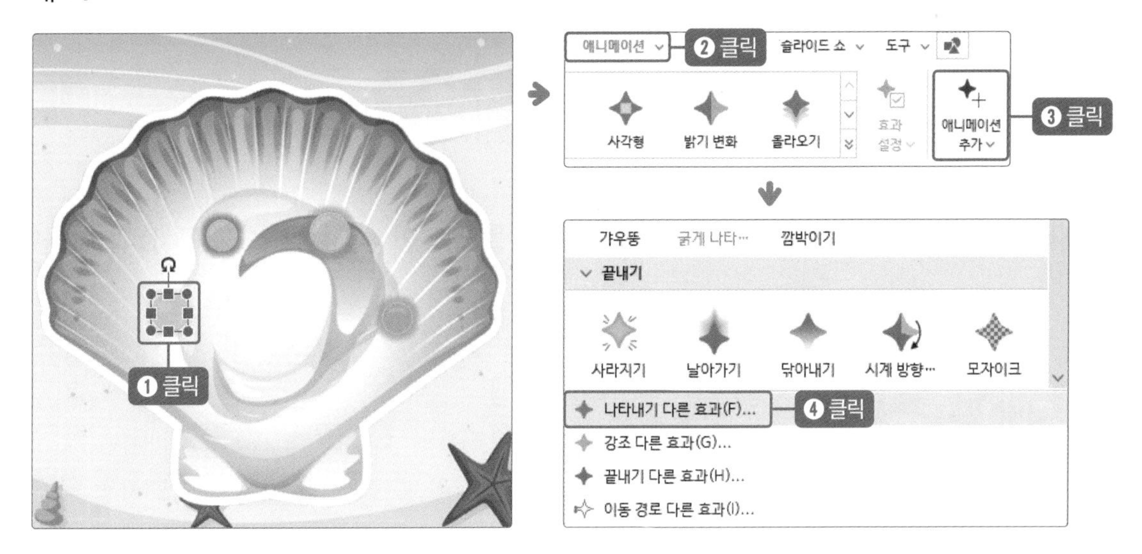

❷ 원하는 애니메이션을 선택한 다음 <적용>을 클릭해요. 똑같은 방법으로 나머지 진주에도 나타내기 애니메이션을 추가해요.

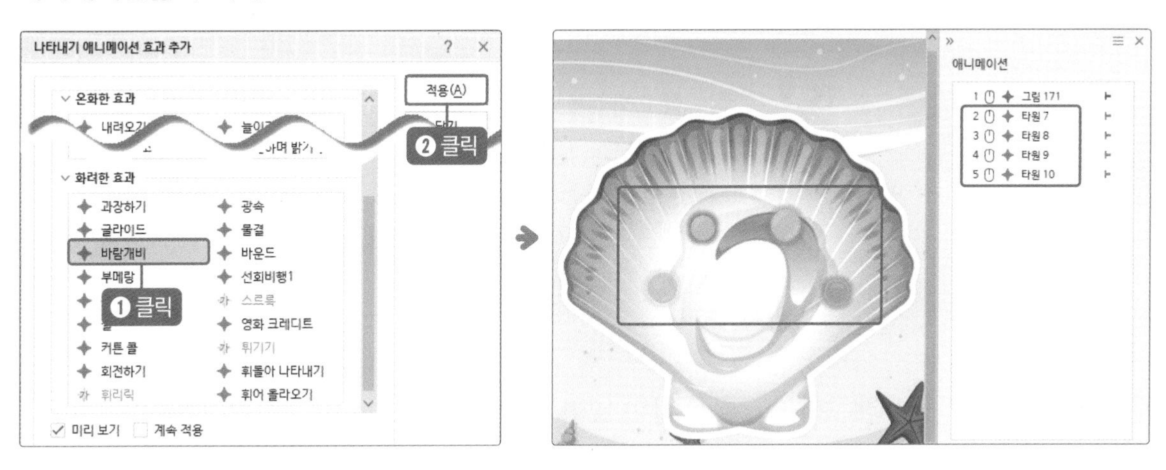

팁 애니메이션을 수정하고 싶어요!

수정하려는 애니메이션이 적용된 도형을 선택한 다음 [애니메이션]-⩔을 클릭하여 다른 효과를 선택할 수 있어요.

3 애니메이션의 시작 옵션을 바꿔요!

❶ [애니메이션]-[애니메이션 작업 창()]을 클릭해요.

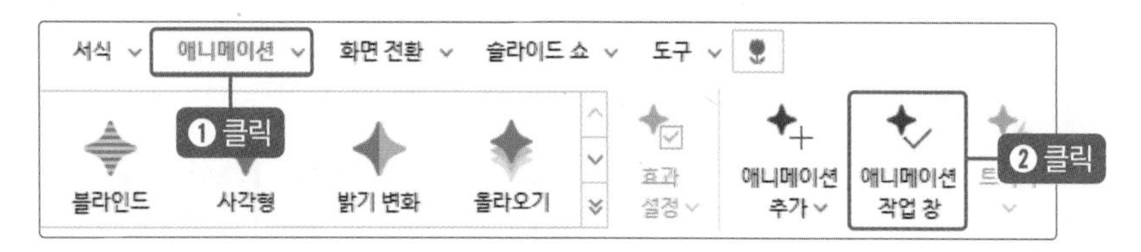

❷ 오른쪽 애니메이션 창에서 첫 번째 나타내기 애니메이션을 선택한 후 **'시작'**을 **'이전 효과 다음에'**로 변경해요.

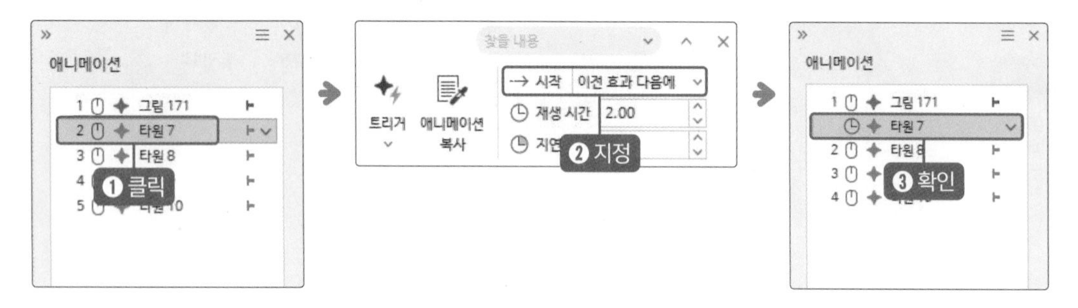

❸ 똑같은 방법으로 나머지 3개의 나타내기 애니메이션도 **'시작'**을 **'이전 효과 다음에'**로 모두 변경해요.

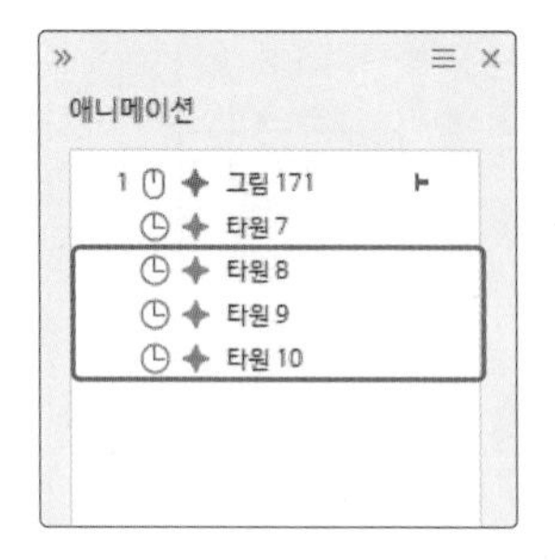

팁 참고해주세요!

해당 작업은 애니메이션을 시작하는 방법을 변경하는 과정이에요. 조개껍데기가 활짝 열릴 때 진주를 자동으로 나타내기 위해 '이전 효과 다음에'라는 옵션을 적용한 것이지요. 반드시 타원 애니메이션의 시작 옵션만 변경하도록 해요!

❹ 왼쪽의 조개껍데기를 드래그하여 그림과 같이 덮어주세요.

❶ F5를 눌러 슬라이드 쇼를 실행해보세요. 슬라이드 쇼가 실행된 상태에서 화면을 클릭하면 조개껍데기가 열리면서 진주가 나타날 거예요.

더 멋지게 실력뿜뿜

실습파일 : 조개_연습문제.show **완성파일** : 조개_연습문제(완성).show

❶ 슬라이드 주변의 그림들을 활용하여 슬라이드를 꾸미고 다양한 그림 효과를 적용해요. 그림 효과는 [그림( )]-[그림 효과( )]에서 선택할 수 있어요.

❷ 각각의 그림에 자유롭게 나타내기 애니메이션을 적용해 보세요.

'토끼'에 대한 오해와 진실

학습목표

★ 슬라이드를 추가, 복제, 삭제해 보아요.
★ 삽입된 도형을 다른 모양으로 변경해요.

실습파일 토끼.show 완성파일 토끼(완성).show

완성 작품 미리보기

동물 이야기

창의 놀이터 동물의 이름과 일치하는 초성에 선을 연결해 주세요!

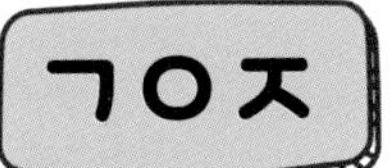

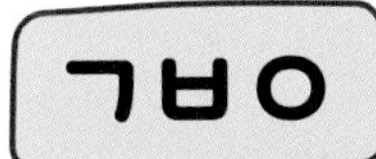

ㄱㅇㅇ

1 슬라이드를 추가하고 삭제해요!

❶ 한쇼 2022 프로그램을 실행하여 [Chapter 07_토끼]-**토끼.show** 파일을 불러와요.

토끼에 대한 오해와 진실

★ 토끼는 당근을 가장 좋아하나요?

Ⓐ 토끼는 당근을 즐겨먹지는 않아요. 마른 풀을 주식으로 먹으며 당근보다는 상추를 더 좋아하기도 한답니다. 당근에는 당분이 많아 토끼의 치아를 서서히 망가뜨릴 수 있으니 주의하세요.

★ 토끼는 생긴 것과 같이 얌전하고 귀여운 성격의 동물일까요?

Ⓐ 토끼마다 조금씩 성격이 다르지만 대부분 토끼의 성향은 자기 주장이 강하답니다. 또한 분노를 느낄 때면 "으르렁" 소리를 내거나 이빨로 세게 물기도 해요.

❷ [편집]-[새 슬라이드(아이콘)] → **제목 및 내용**을 클릭해요.

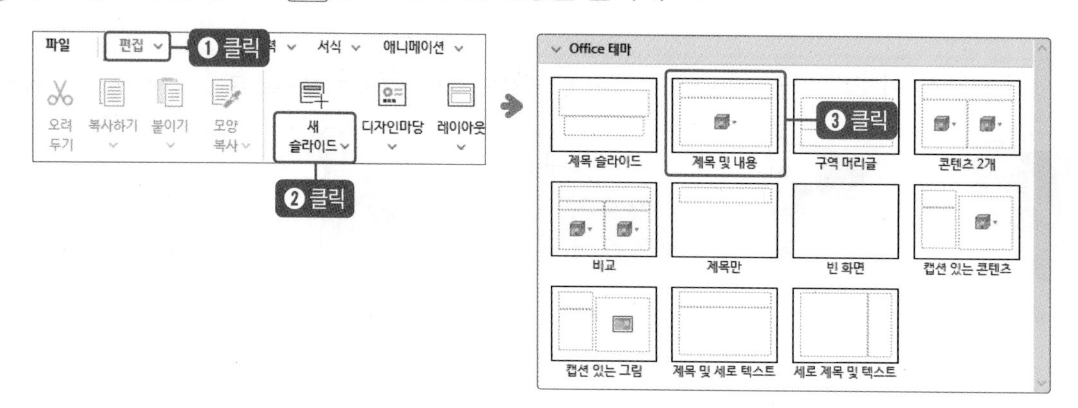

❸ 추가된 슬라이드를 확인해요.

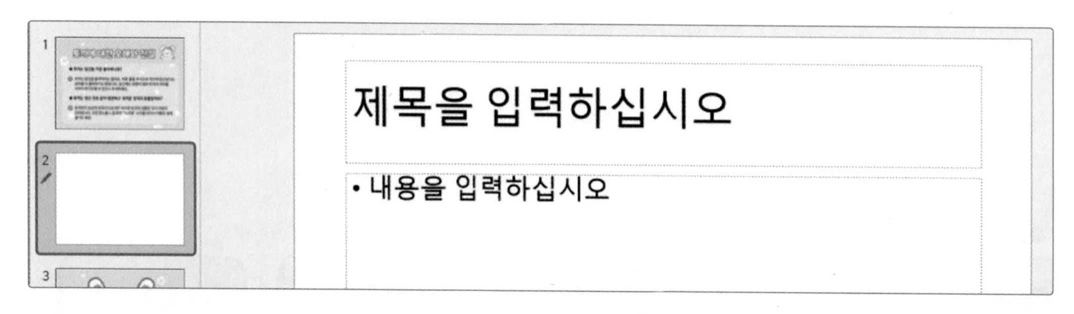

팁 **슬라이드를 추가해요!**

축소판 그림 창에서 선택된 슬라이드를 기준으로 다음 순서에 새로운 슬라이드가 만들어져요.

❹ 축소판 그림 창의 [슬라이드 2] 위에서 마우스 오른쪽 버튼을 눌러 **[슬라이드 지우기]**를 클릭하여 필요 없는 슬라이드를 삭제해요.

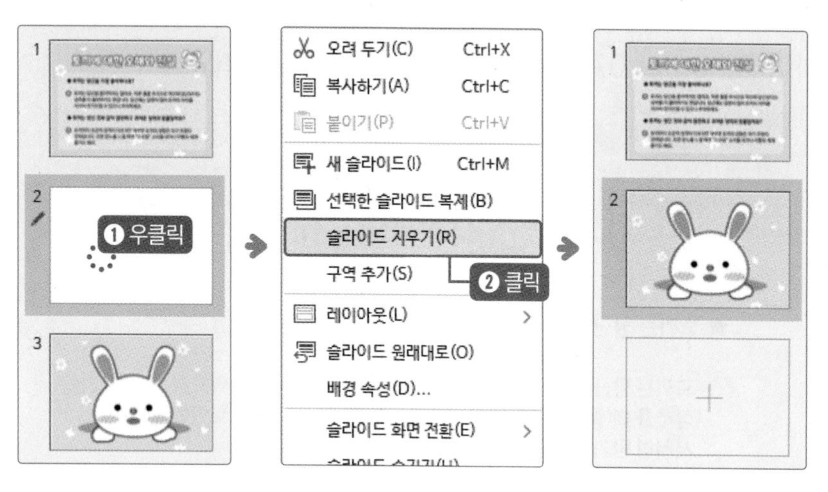

팁 **더 간편하게 슬라이드를 삭제하는 방법!**

축소판 그림 창에서 불필요한 슬라이드를 선택한 다음 Delete를 눌러 지울 수 있어요.

2 슬라이드를 복제해요!

❶ [슬라이드 2] 위에서 마우스 오른쪽 버튼을 눌러 **[선택한 슬라이드 복제]**를 클릭하여 똑같은 슬라이드를 만들어요.

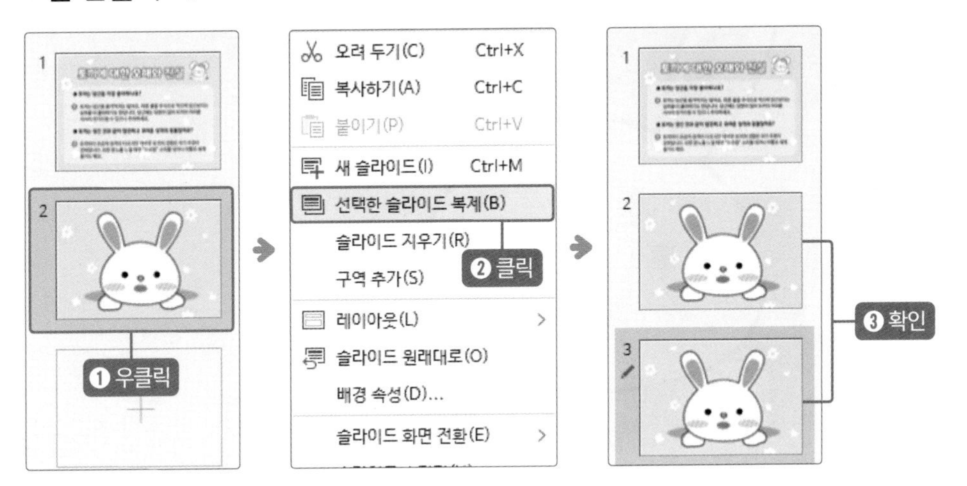

❷ 똑같은 방법으로 슬라이드를 2개 더 복제해요.

도형 모양 변경 기능으로 토끼의 표정을 바꿔요!

❶ [슬라이드 3]을 선택한 다음 토끼의 **입**을 클릭해요.

❷ [도형( )]-[도형 편집( )] → **[도형 모양 변경]**에서 원하는 도형을 선택해요. 책에서는 [수식 도형-곱셈 기호( )]를 선택했어요.

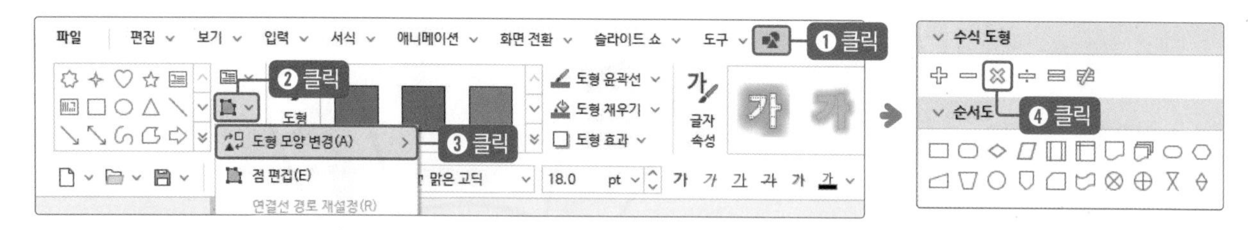

❸ 똑같은 방법으로 토끼의 **눈**을 변경해요. 크기 및 위치를 적당히 조절하고, 필요에 따라 회전을 적용해요.

▲ [슬라이드 4]

▲ [슬라이드 5]

❶ [도형 모양 변경] 기능을 이용하여 [슬라이드 4]와 [슬라이드 5]의 토끼 표정도 자유롭게 변경해 보세요.

더 멋지게 실력 뿜뿜

실습파일 : 토끼_연습문제.show **완성파일** : 토끼_연습문제(완성).show

❶ [슬라이드 1]을 복제한 다음 '도형 모양 변경' 기능을 이용하여 슬라이드 오른쪽의 지문과 같이 상황에 알맞은 토끼의 표정을 만들어 보세요.

이만큼 배웠어요

퀴즈를 풀어보면서 지금까지 배운 내용을 정리해요

1 한쇼 프로그램에서 글자나 그림을 넣어 문서를 작업하는 공간을 무엇이라고 할까요?

① 미리보기　② 메뉴　③ 슬라이드　④ 디자인 테마

2 그림이나 도형을 복사하기 위한 방법이 아닌 것은 무엇일까요?

① [복사하기] → [붙이기]　② Ctrl + 드래그
③ Esc　④ Ctrl + C → Ctrl + V

3 다음은 어떤 기능을 이용하여 나온 결과일까요?

① 오려두기
② 선택한 슬라이드 복제
③ 레이아웃
④ 슬라이드 쇼

4 조개 껍데기의 분비물이 딱딱하게 굳어 만들어진 알갱이를 무엇이라고 부를까요?

5 낙타가 사막에서도 잘 살아갈 수 있는 이유를 한 가지만 적어보세요.

학생	선생님	부모님

아래 작업 순서를 참고하여 자유롭게 슬라이드를 완성해요

실습파일 : 8_연습문제.show　　완성파일 : 8_연습문제(완성).show

작업 순서

❶ [슬라이드 2]의 아이템 꾸러미에서 원하는 아이템을 선택한 다음 복사해요.

- 복사 : Ctrl + C

❷ 복사된 아이템을 [슬라이드 1]에 붙여 넣은 다음 크기와 위치를 적당하게 조절하여 캐릭터를 완성해요.

- 붙여넣기 : Ctrl + V

❸ 도형을 삽입하여 캐릭터의 옷을 예쁘게 꾸며요.

- 도형 삽입

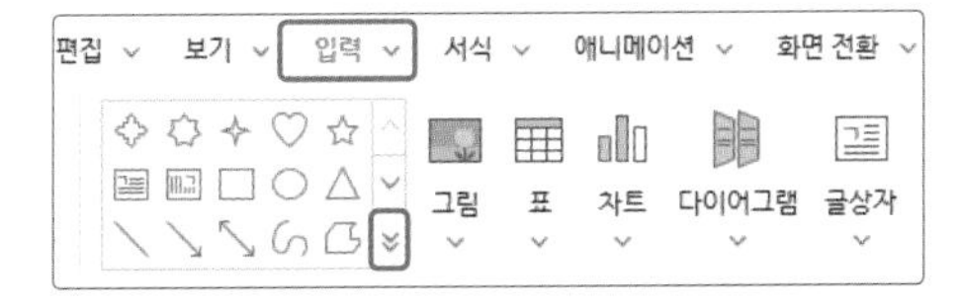

- 도형 서식(채우기, 윤곽선, 효과)

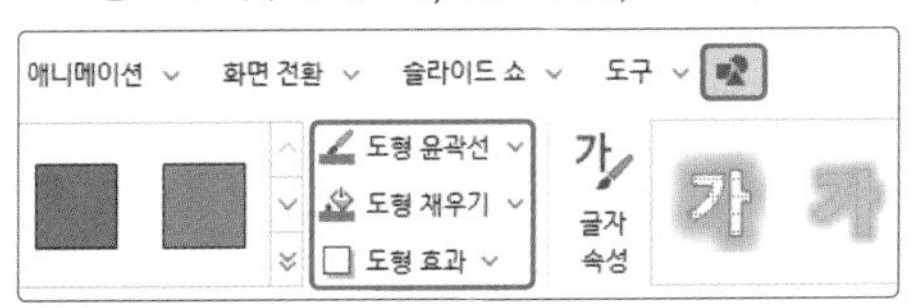

성별이 바뀌는 '물고기', 흰동가리

학습목표

★ 슬라이드 배경에 그림을 채워요.

★ 이동 경로 애니메이션을 추가해요.

실습파일 물고기.show 완성파일 물고기(완성).show

완성 작품 미리보기

동물 이야기

창의 놀이터 에도쿠 퍼즐 게임의 예시 이미지와 방법을 읽고 각 칸에 알맞은 그림을 그려보세요!

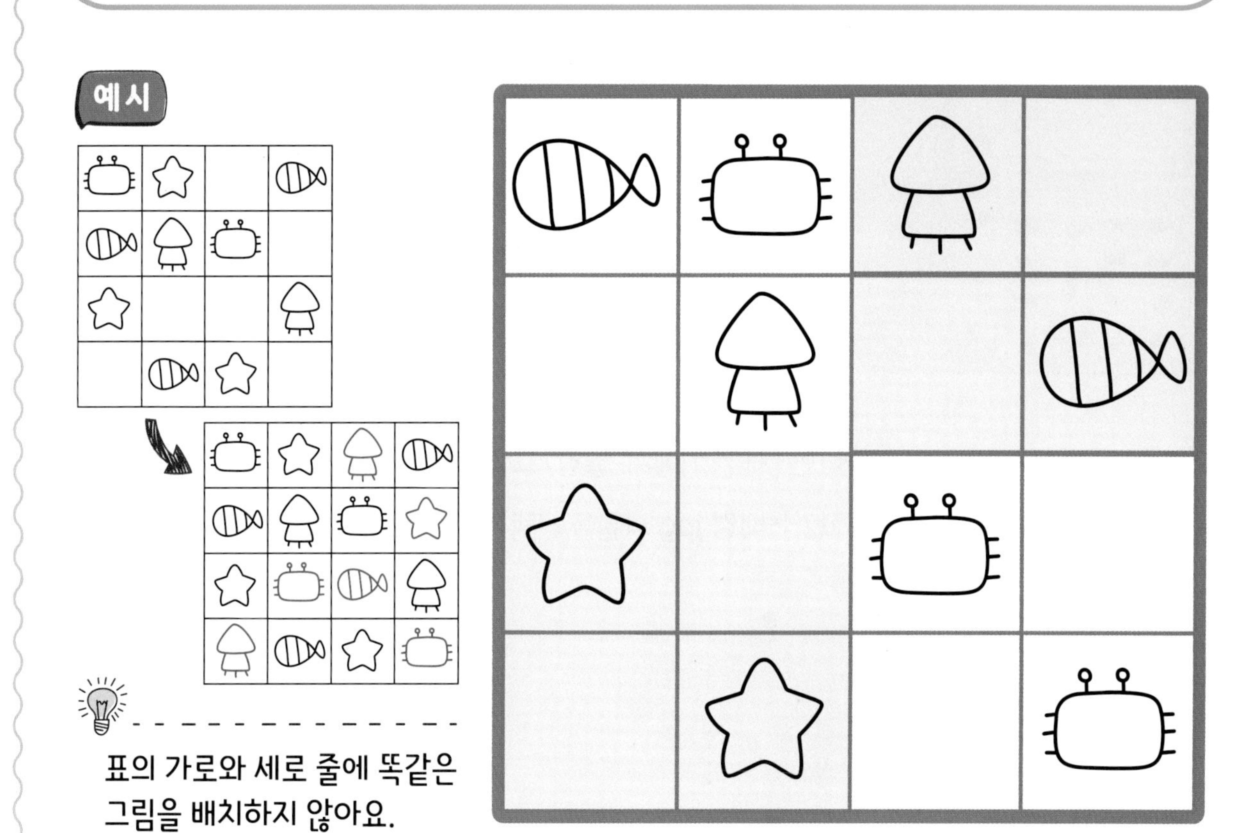

1 슬라이드 배경에 그림을 채워요!

① 한쇼 2022 프로그램을 실행하여 [Chapter 09_물고기]-**물고기.show** 파일을 불러와요.

❷ [슬라이드 1]의 빈 곳 위에서 마우스 오른쪽 버튼을 눌러 **[배경 속성]**을 클릭해요.

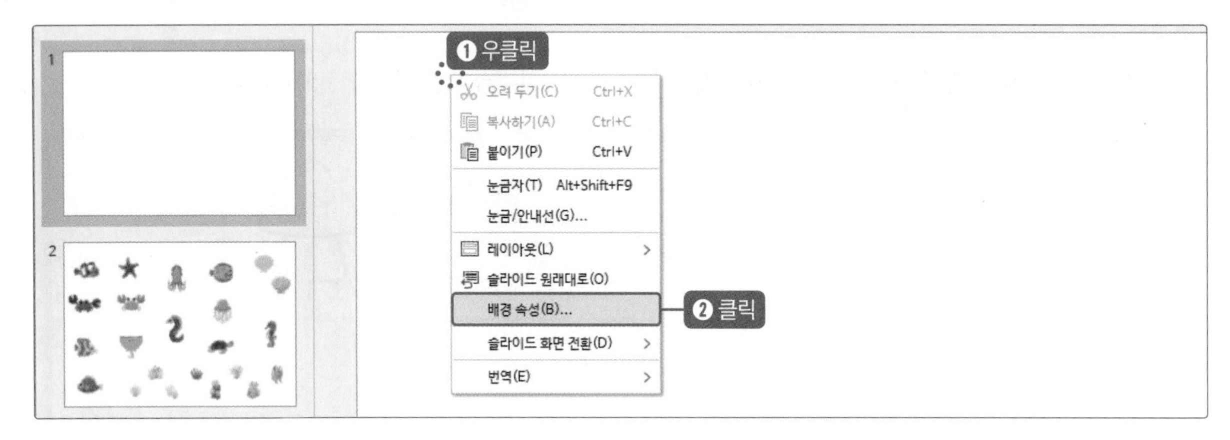

❸ 오른쪽에 [배경 속성] 창이 나타나면 [채우기]에서 **'질감/그림'**을 선택한 다음 <그림>을 클릭해요.

❹ [불러올 파일]-[chapter 09_물고기]-**배경.jpg** 파일을 선택하고 <열기>를 클릭해요.

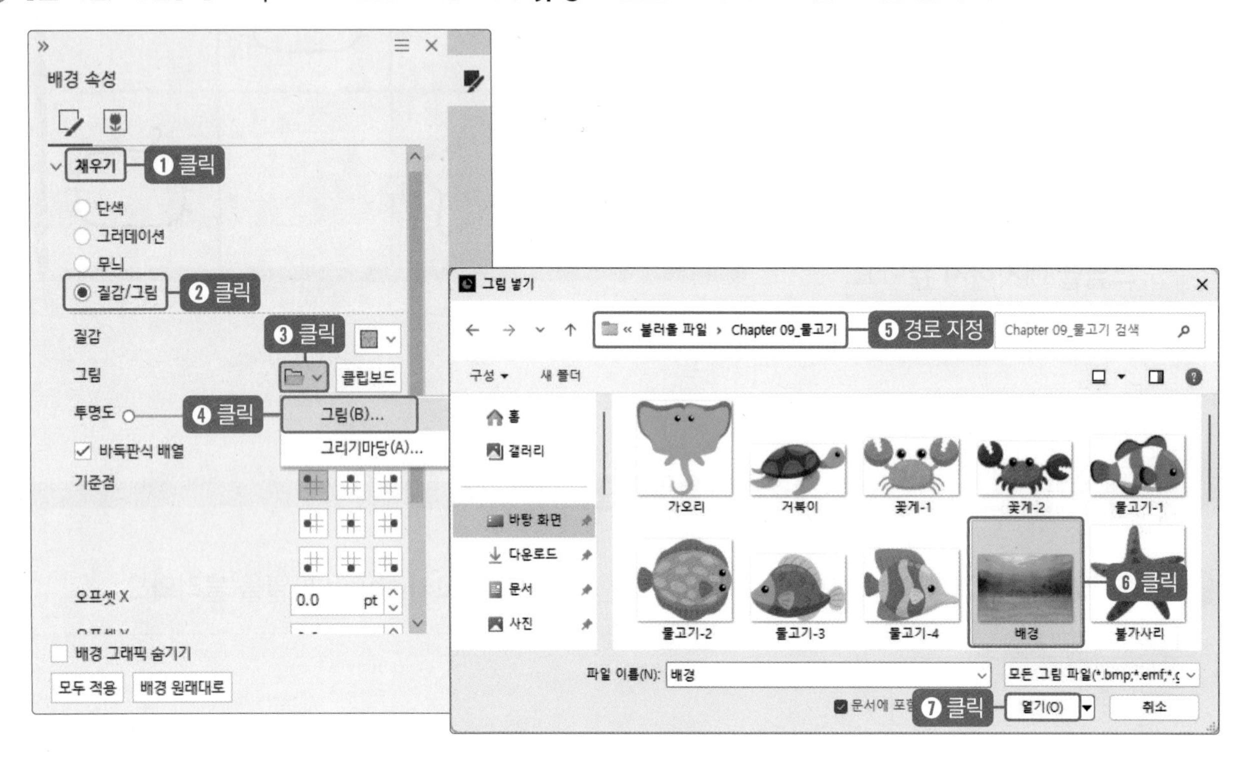

❺ 슬라이드의 배경에 멋진 바다 그림이 채워진 것을 확인해요.

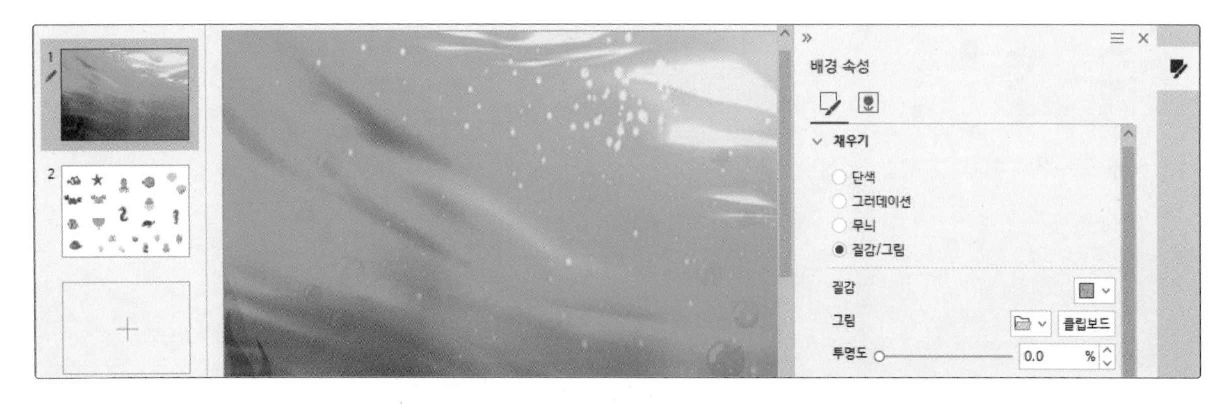

2 물고기 그림에 애니메이션을 적용해요!

❶ [슬라이드 2]에서 **첫 번째 물고기(흰동가리)**를 복사한 다음 [슬라이드 1]에 붙여 넣어요.

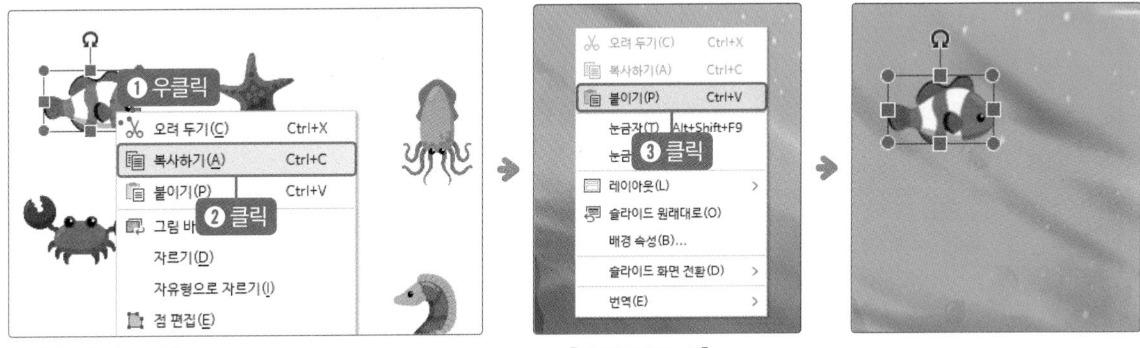

▲ [슬라이드 2] ▲ [슬라이드 1]

❷ 물고기의 위치를 슬라이드의 왼쪽 밖으로 이동해요.

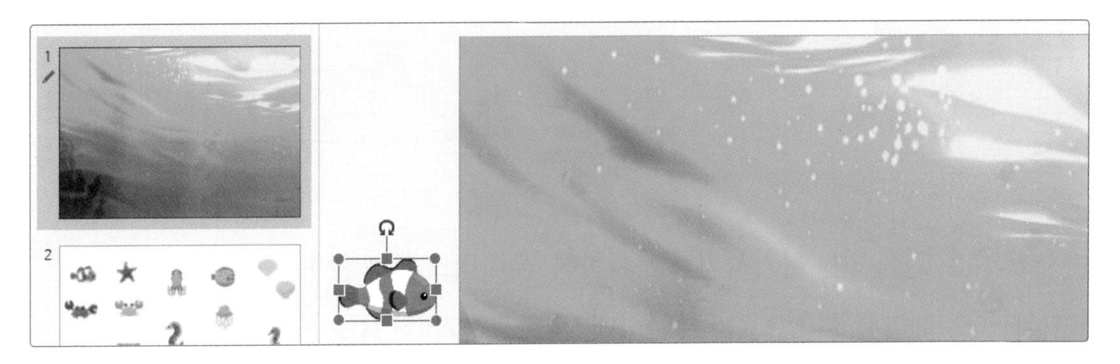

❸ 물고기가 선택된 상태에서 [애니메이션]-[애니메이션 추가(✦)] → **[이동 경로-자유곡선( )]**을 클릭해요.

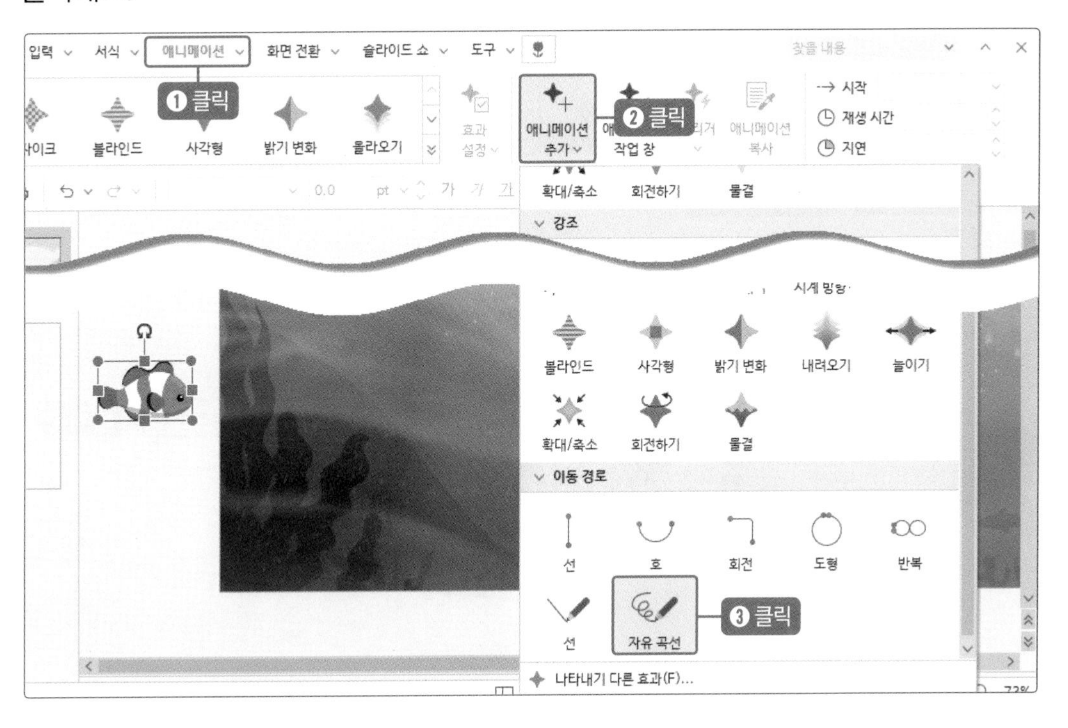

❹ 마우스를 드래그하여 물고기가 헤엄칠 경로를 아래와 같이 그려보세요.

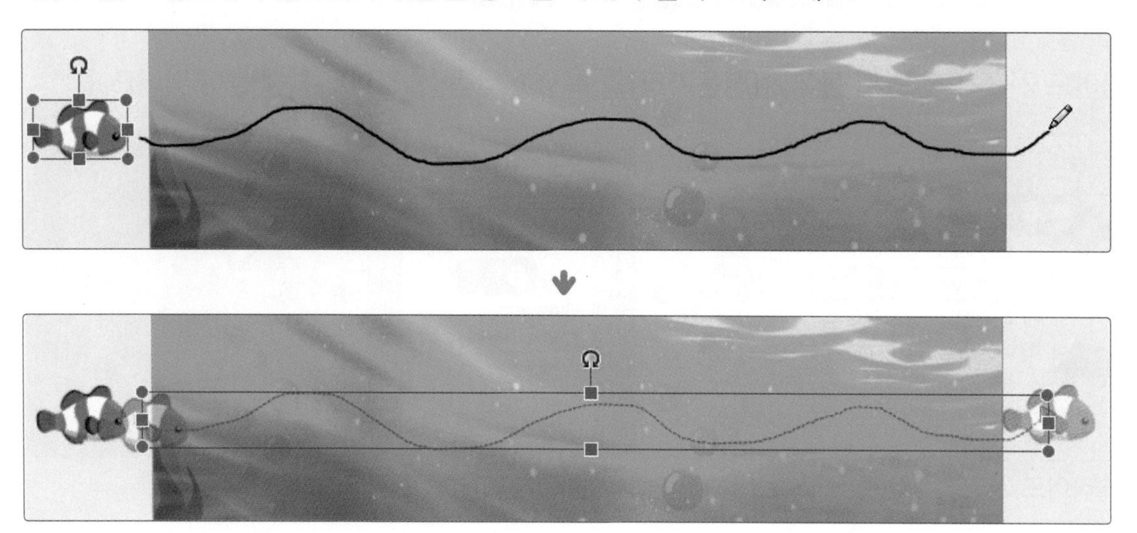

❺ [애니메이션] 탭에서 '시작'을 **'이전 효과와 함께'**, '재생 시간'을 **'4초'**로 변경해요.

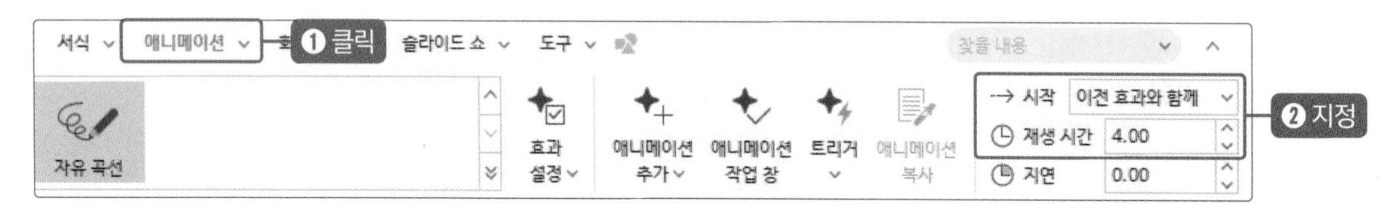

❻ 이번에는 [슬라이드 2]에 있는 **불가사리**를 복사하여 [슬라이드 1]에 붙여보세요.

❼ [애니메이션]-[애니메이션 추가( )] → **[나타내기-회전하기( )]**를 클릭해요.

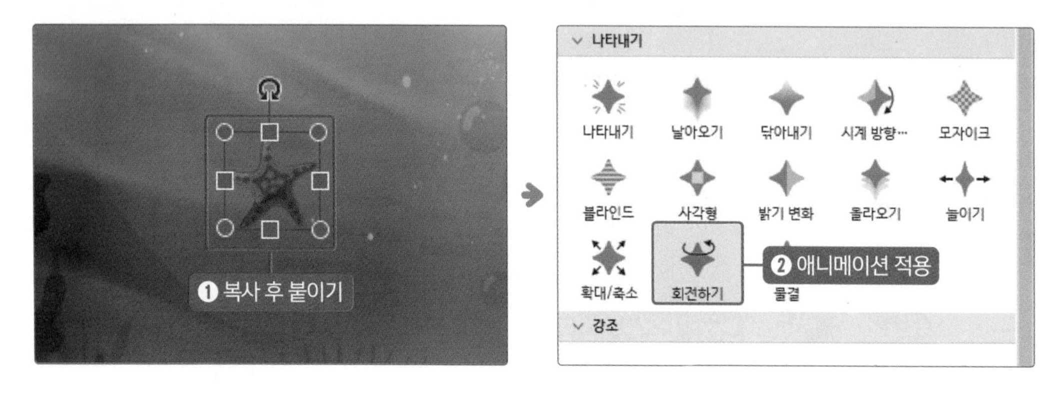

❽ [애니메이션] 탭에서 '시작'을 **'이전 효과와 함께'**로 변경해요.

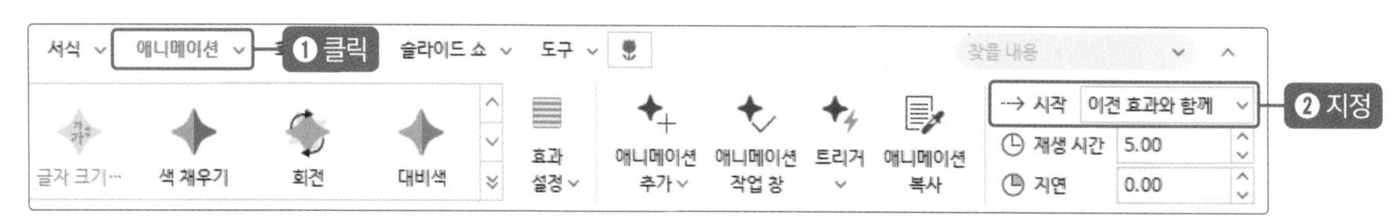

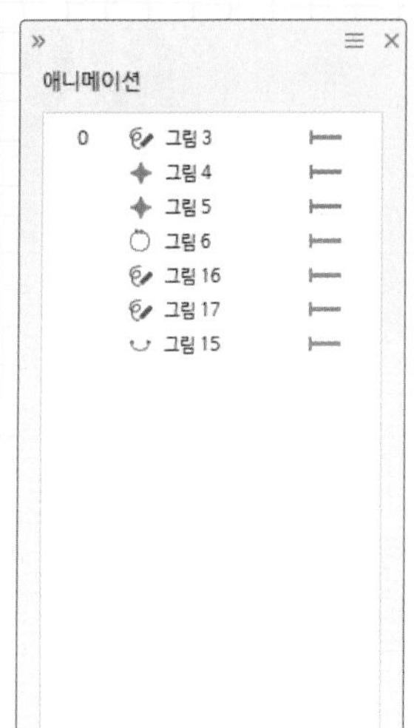

1. [슬라이드 2]의 그림을 복사하여 바다 풍경을 꾸며보고, 원하는 그림에 다양한 애니메이션을 적용해 보세요. 단, 애니메이션은 '이동 경로' 또는 '나타내기'에서 추가해요.
2. [애니메이션] 탭에서 '시작'을 '이전 효과와 함께'로 변경하고, 재생 시간을 적당하게 맞춰주세요.
3. 완성된 애니메이션은 F5를 눌러 확인할 수 있어요.

더 멋지게 실력뿜뿜

실습파일 : 물고기_연습문제.show **완성파일** : 물고기_연습문제(완성).show

1. 슬라이드 배경을 '연습문제배경.jpg' 이미지로 채워보세요.
2. [이동 경로-자유곡선( )] 애니메이션을 활용하여 물고기를 알맞은 그림자 위치로 이동시켜요.

※ 물고기와 그림자가 일치하지 않아 경로를 다시 그리고 싶다면 오른쪽 [애니메이션] 창에서 해당 애니메이션을 제거한 후 다시 추가할 수 있어요.

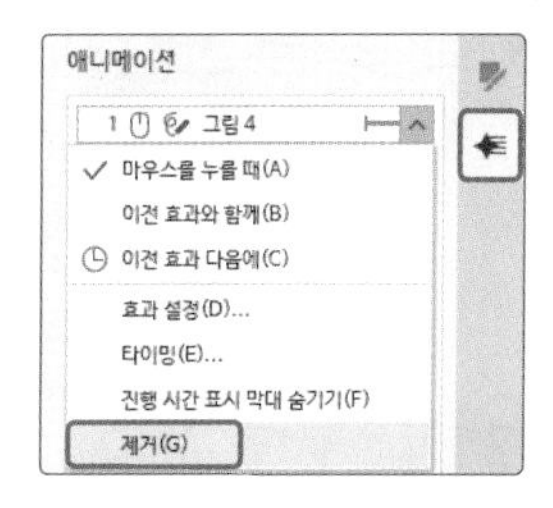

'고양이'가 싫어하는 냄새

학습목표

★ 개체 선택 창 기능을 활용하여 숨겨진 개체를 확인해요.
★ 그림의 배경을 투명하게 변경해요.

실습파일 고양이.show　　완성파일 고양이(완성).show

완성 작품 미리보기

동물 이야기

창의 놀이터 : 다양한 포즈를 한 고양이가 있어요. 재미있는 표정을 그려서 고양이 이모티콘을 완성해 보세요!

예시

1 개체를 보이게 하거나 숨겨보아요!

❶ 한쇼 2022 프로그램을 실행하여 [Chapter 10_고양이]-**고양이.show** 파일을 불러와요.

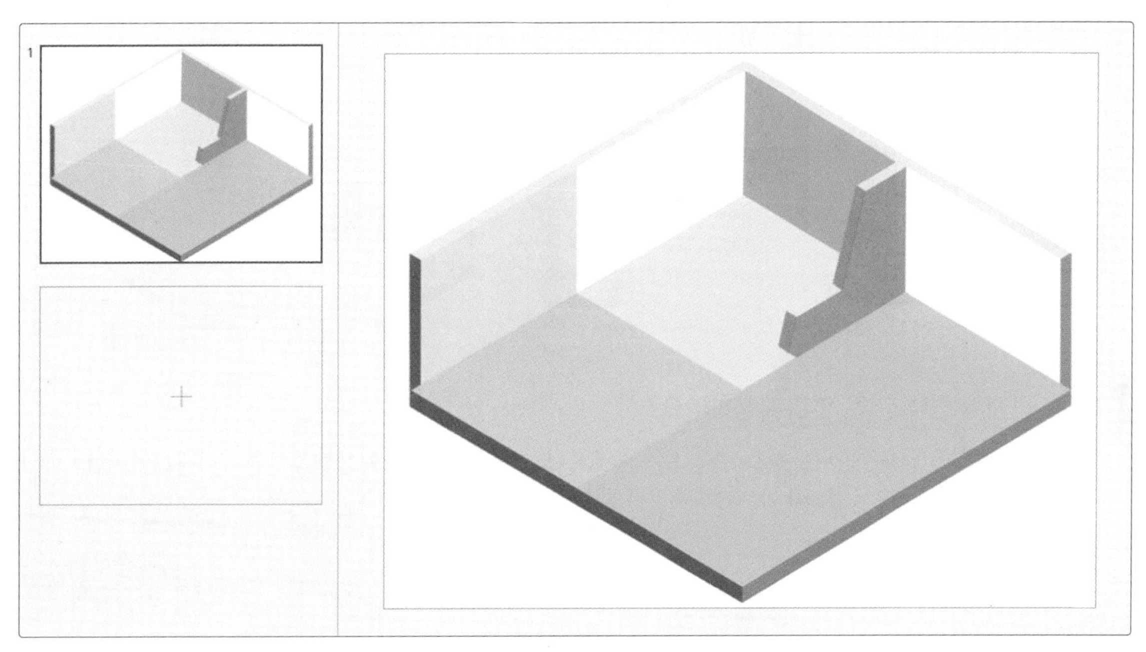

❷ [편집]-[개체 선택( )] → **[개체 선택 창]**을 클릭하여 빈 방에 어떤 종류의 그림이 숨어있는지 확인해볼까요?

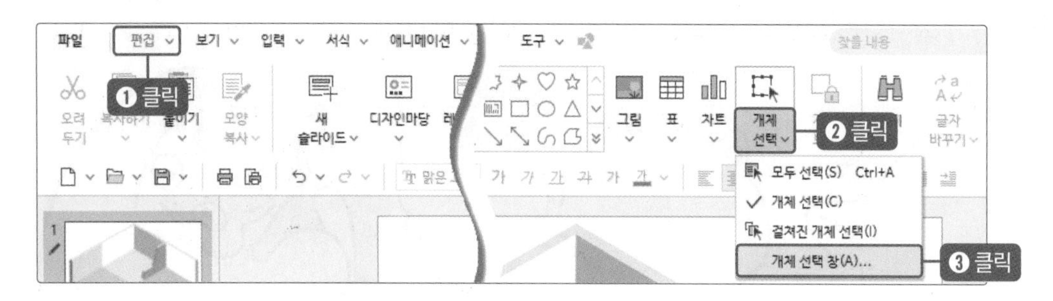

❸ 오른쪽 창이 나타나면 그림 목록에서 **'왼쪽벽지-1'**을 선택해요.

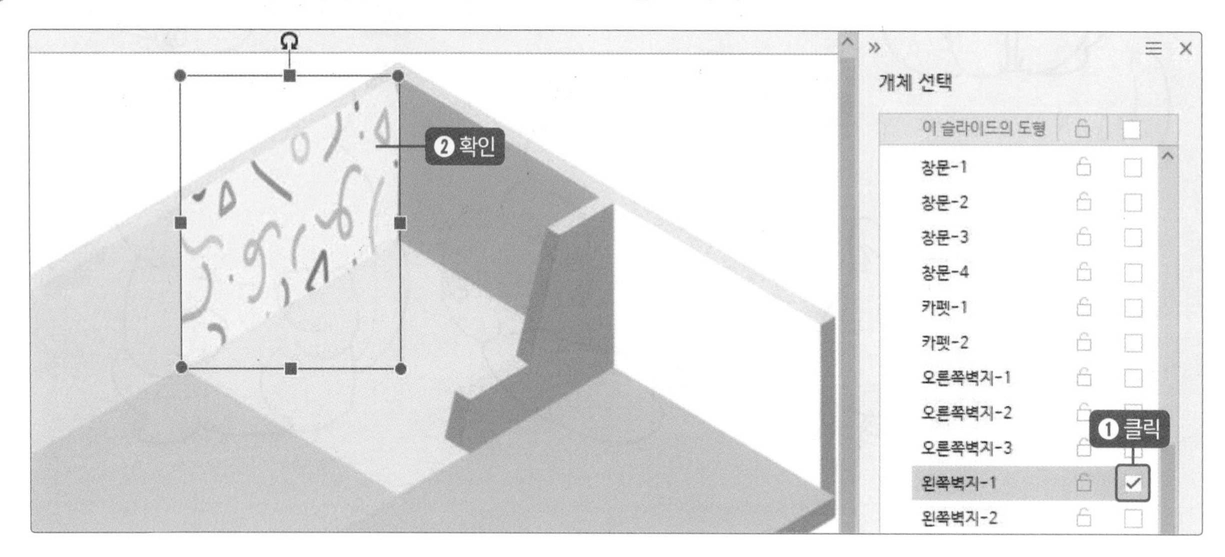

❹ 다른 벽지를 선택하기 위해 해당 그림을 숨겨보도록 할게요. '왼쪽벽지-1' 오른쪽에 보이는 ☑**(체크 박스)**의 선택을 해제하면 현재 보이는 벽지를 숨길 수 있어요.

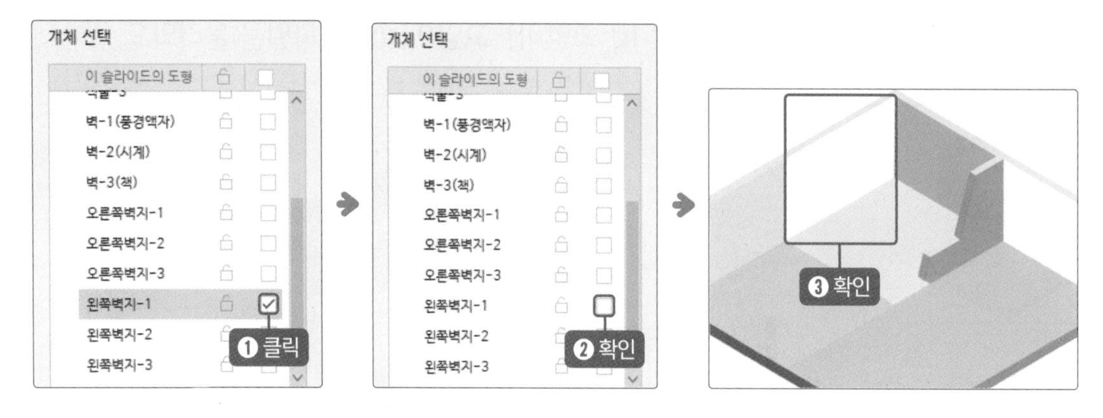

팁 **[개체 선택 창]은 언제 사용하나요?**

개체 선택 창은 현재 슬라이드에서 사용된 모든 개체(도형, 그림, 글자 등)를 확인할 수 있는 곳이에요. 크기가 너무 작아 선택이 어려운 개체를 작업해야 하는 경우에 많이 활용한다고 해요!

2 원하는 그림들을 이용하여 슬라이드를 꾸며요!

❶ 오른쪽 창에서 '1'이 붙어있는 그림들을 모두 선택하여 활성화 해보세요. 과연 어떤 방이 만들어질까요?

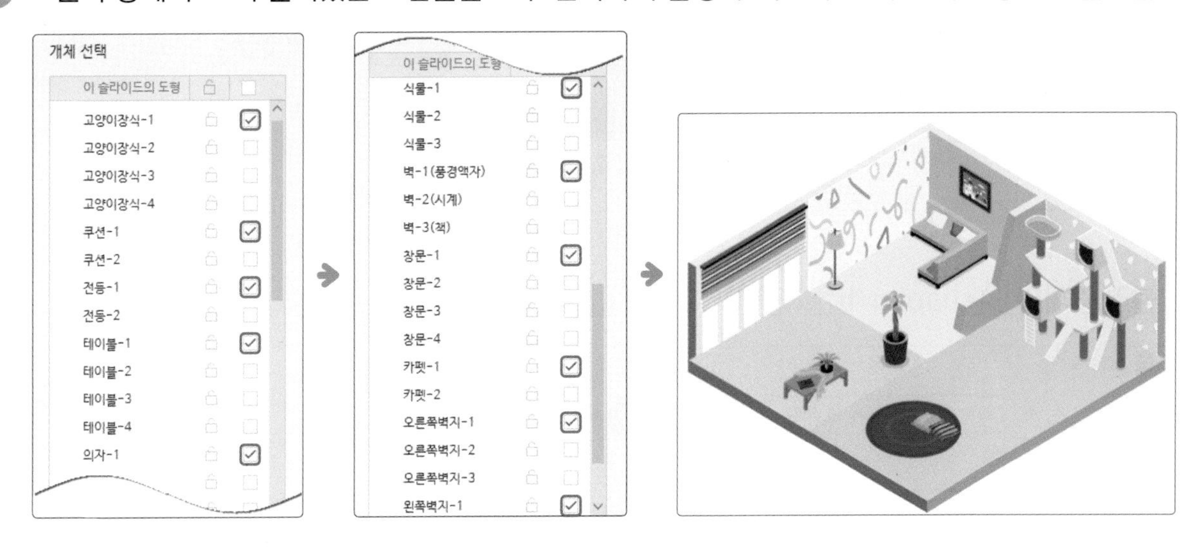

❷ [개체 선택 창]에 숨겨진 다른 그림을 활성화하여 예쁜 고양이 방을 꾸며 보세요. 불필요한 그림은 ☑(체크 박스)의 선택을 해제하여 숨기는 것 잊지 마세요!

팁 **그림이 보이지 않아요!**

'1'이 붙어있는 그림이 아니라면 대부분의 그림들은 슬라이드의 주변으로 나타날 거예요. 드래그하여 잘 배치해 보세요.

3 그림을 삽입하고, 배경을 투명하게 바꿔요!

❶ 예쁘게 완성된 방에 고양이를 배치해 보도록 할게요. [입력]-**[그림()]**을 클릭해요.

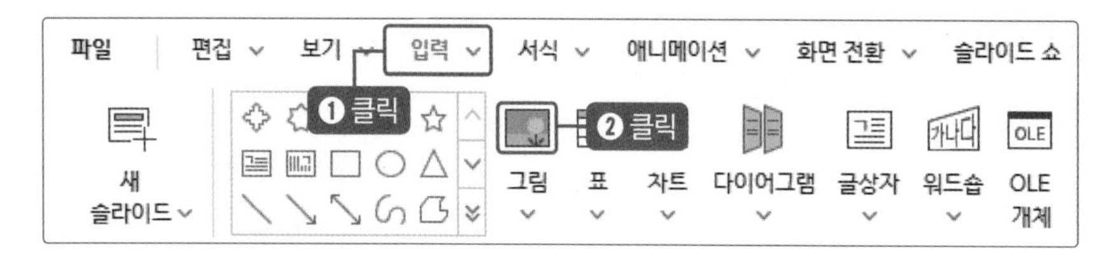

❷ [불러올 파일]-[chapter 10_고양이]-**고양이1.jpg** 파일을 선택하고 <열기>를 클릭해요.

❸ [그림()]-[색()]→ **[투명한 색 설정]**을 클릭한 다음 그림의 **파란 배경**을 선택하여 고양이만 보이도록 남겨주세요.

❹ 조절점()을 드래그하여 고양이의 크기를 조절한 다음 원하는 위치로 이동시켜보세요.

작품을 완성해요 >>>

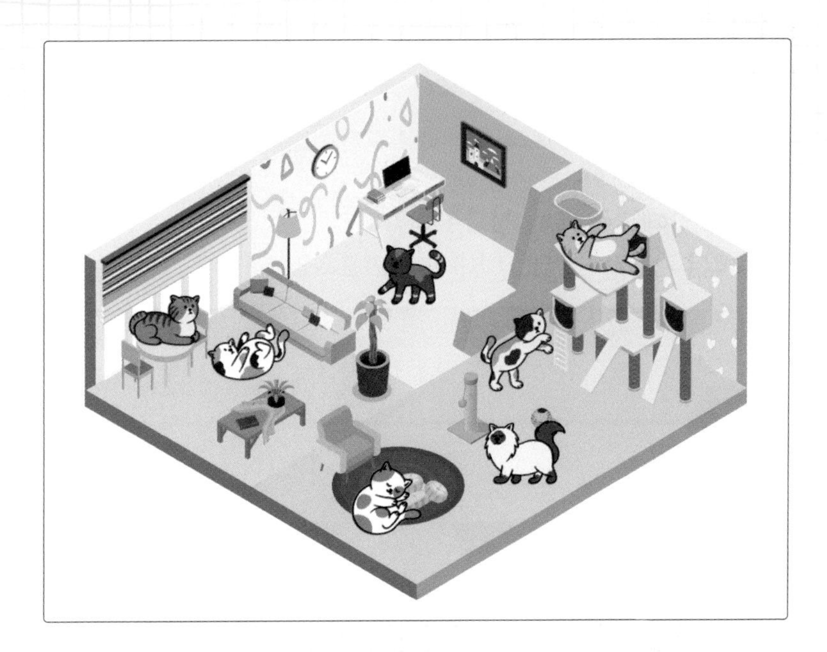

❶ 더 많은 고양이 그림을 삽입하여 배치해 볼까요? [투명한 색 설정] 기능으로 고양이 그림의 배경을 투명하게 하는 것도 잊지 마세요!

더 멋지게 실력뿜뿜

실습파일 : 고양이_연습문제.show **완성파일** : 고양이_연습문제(완성).show

❶ 개체 선택 창을 열어 숨겨진 아이템과 배경 그림을 활용하여 슬라이드를 꾸며보세요.

❷ 아이템의 회색 배경은 '투명한 색 설정'을 이용하여 삭제할 수 있어요.

'얼룩말'에게 그려진 얼룩무늬

★ 도형 안에 그림, 무늬, 질감을 채워요.
★ 그림을 삽입한 후 필요한 부분만 잘라보아요.

실습파일 얼룩말.show 완성파일 얼룩말(완성).show

동물 이야기

창의 놀이터 얼룩말의 무늬는 '검정색 바탕에 흰색' 무늬예요. 검정색과 흰색이 잘 어우러지도록 얼룩말의 빈 곳을 예쁘게 그려보세요.

1 도형에 그림을 채워요!

❶ 한쇼 2022 프로그램을 실행하여 [Chapter 11_얼룩말]-**얼룩말.show** 파일을 불러와요.

❷ 첫 번째 열기구의 원을 클릭한 다음 [도형( )]-[도형 채우기( )] → **[그림]**을 선택해요.

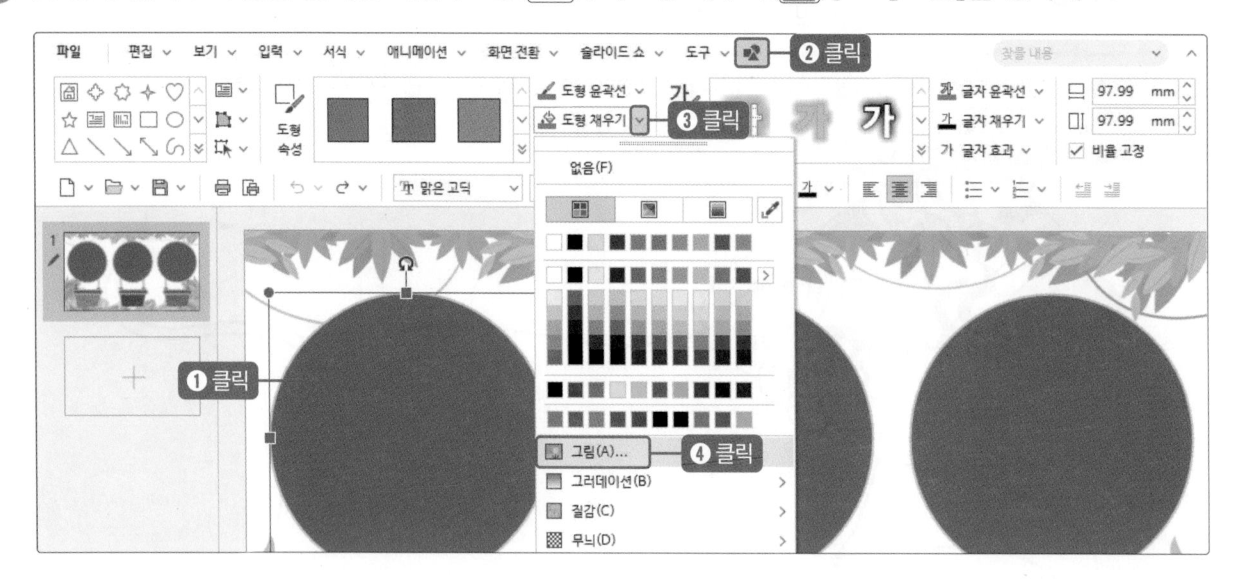

❸ [그림 넣기] 대화상자에서 [불러올 파일]-[chapter 11_얼룩말]-**무늬-1.jpg** 파일을 선택하고 <열기>를 클릭해요.

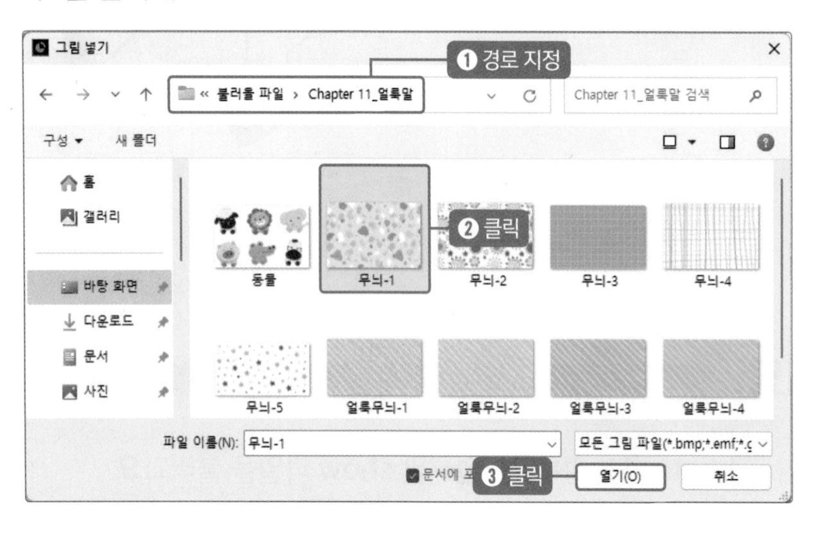

❹ 도형에 그림이 채워진 것을 확인한 다음 나머지 원에도 똑같은 방법으로 그림을 채워요.

2 도형에 무늬를 채워요!

❶ 첫 번째 열기구의 손잡이 위에서 마우스 오른쪽 버튼을 누른 다음 **[개체 속성]**을 선택해요.

❷ 오른쪽 창이 나타나면 [채우기]-[무늬]를 클릭하여 원하는 무늬를 선택해요. 그런 다음 무늬의 **'전경 색'**과 **'배경 색'**을 변경해 보도록 해요.

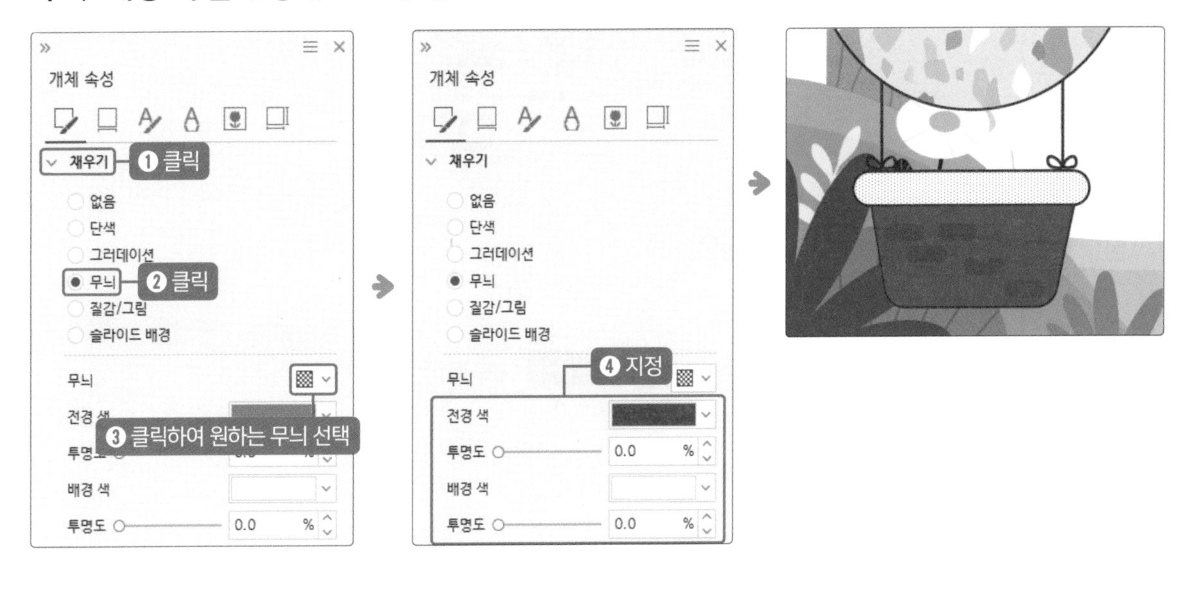

❸ 나머지 도형에는 질감을 채워보세요.

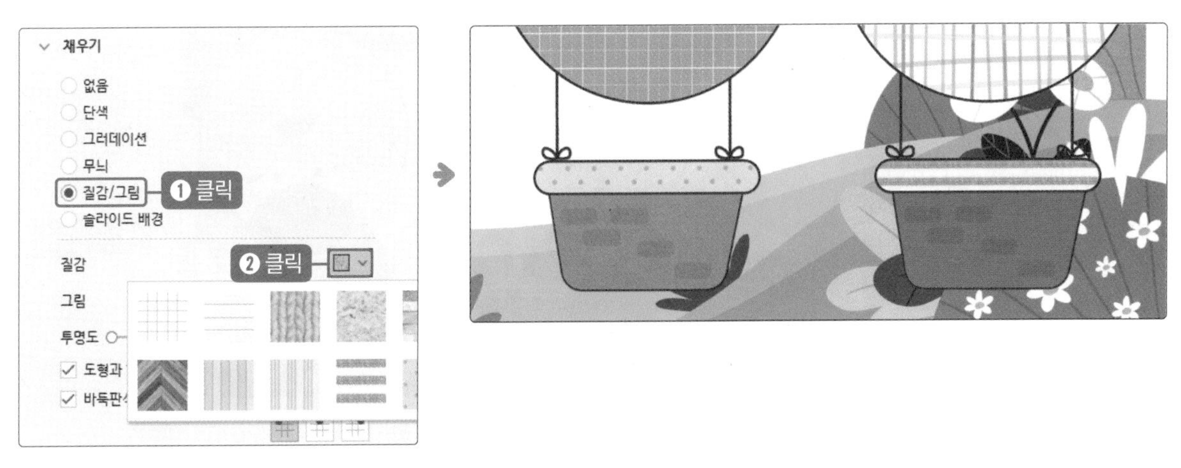

그림을 삽입한 다음 필요한 그림만 잘라내요!

❶ [입력]-[그림( )]을 클릭해요.

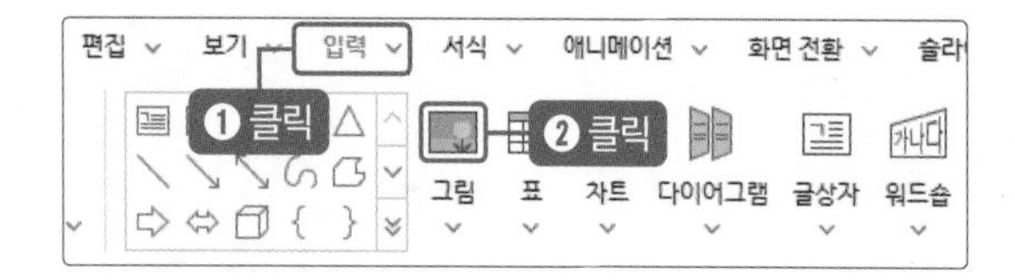

❷ [불러올 파일]-[chapter 11_얼룩말]-**동물.png** 파일을 선택하고 <열기>를 클릭해요.

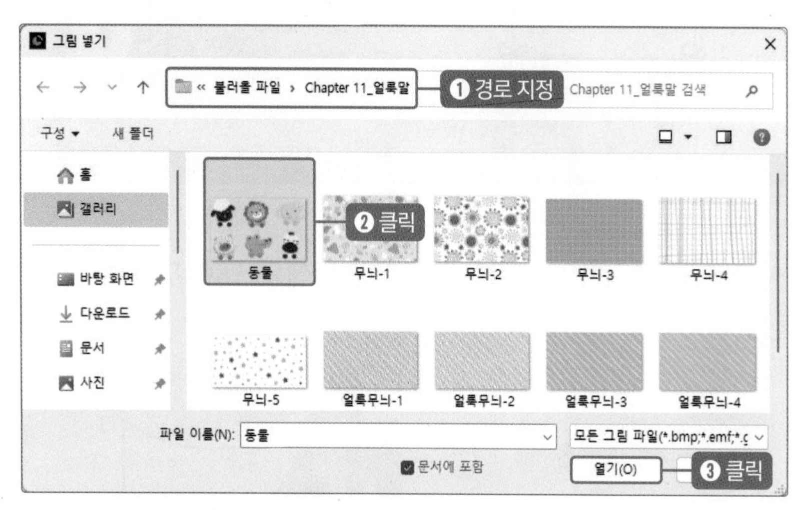

❸ [그림( )]-**[자르기( )]**를 클릭해요.

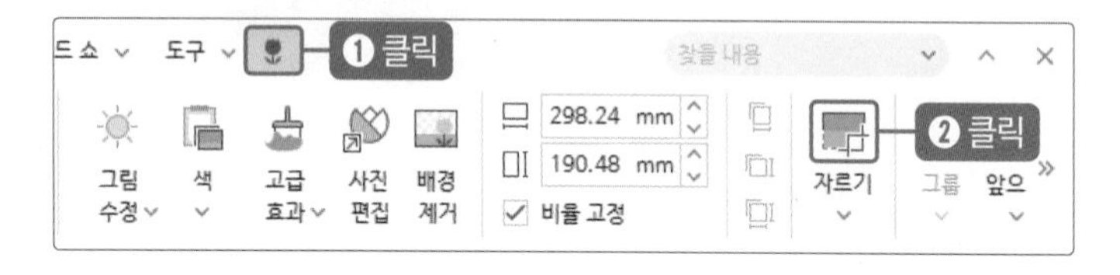

❹ 왼쪽 대각선 모서리의 **자르기 조절점( )**을 드래그하여 얼룩말이 표시되도록 한 다음 Esc를 눌러 그림을 자를 수 있어요. 이제 얼룩말의 위치를 변경해 볼까요?

❶ 동물 그림을 삽입하여 자르기 기능으로 원하는 부분만 남긴 다음 나머지 열기구에도 동물을 탑승시켜 주세요.

더 멋지게 실력뿜뿜

실습파일 : 얼룩말_연습문제.show **완성파일** : 얼룩말_연습문제(완성).show

❶ 삽입된 도형에 얼룩무늬 그림을 채워보세요.

❷ '연습문제동물'과 '연습문제글자'를 삽입한 후 필요한 부분을 잘라 말풍선을 완성해 보세요.

'장수말벌', '장수풍뎅이', '장수하늘소'

학습목표

★ 스크린 샷 기능을 이용하여 그림을 삽입해요.
★ 한글을 한자로 변환해요.

실습파일 장수_곤충.show　　완성파일 장수_곤충(완성).show

완성 작품 미리보기

창의 놀이터 곤충과 식물 클립아트를 보고 퍼즐 빈칸에 들어갈 단어를 채워주세요!

나
당
벌

파
나
미

1 입력된 내용을 한자로 바꿔요!

❶ 한쇼 2022 프로그램을 실행하여 [Chapter 12_장수_곤충]-**장수_곤충.show** 파일을 불러와요.

❷ 제목에서 괄호 안에 입력된 **'장수'**를 드래그하여 블록으로 지정해요.

❸ 키보드에서 [한자]를 눌러 **'將帥'**를 찾아서 클릭해요.

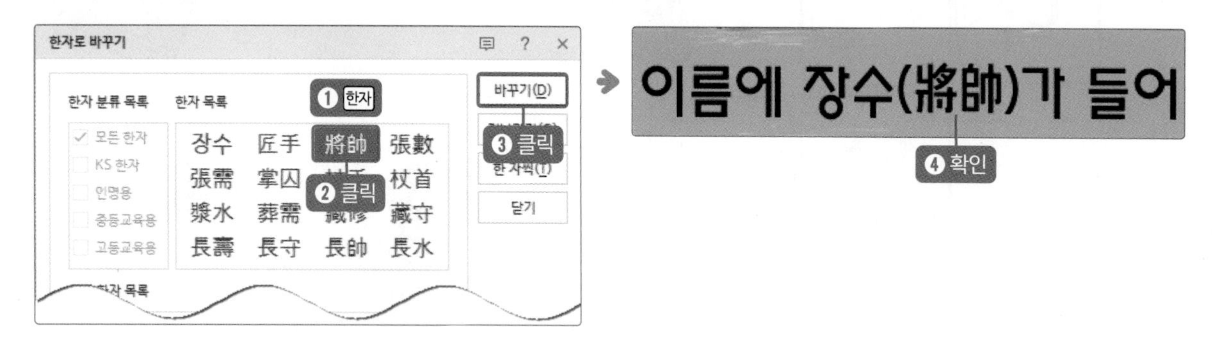

2 스크린 샷으로 그림을 넣고 그림 스타일을 지정해요!

❶ '크롬( )' 브라우저를 실행한 다음 **"장수말벌"**을 검색해요.

❷ 검색 후 **[이미지]** 탭에서 원하는 그림을 선택해요.

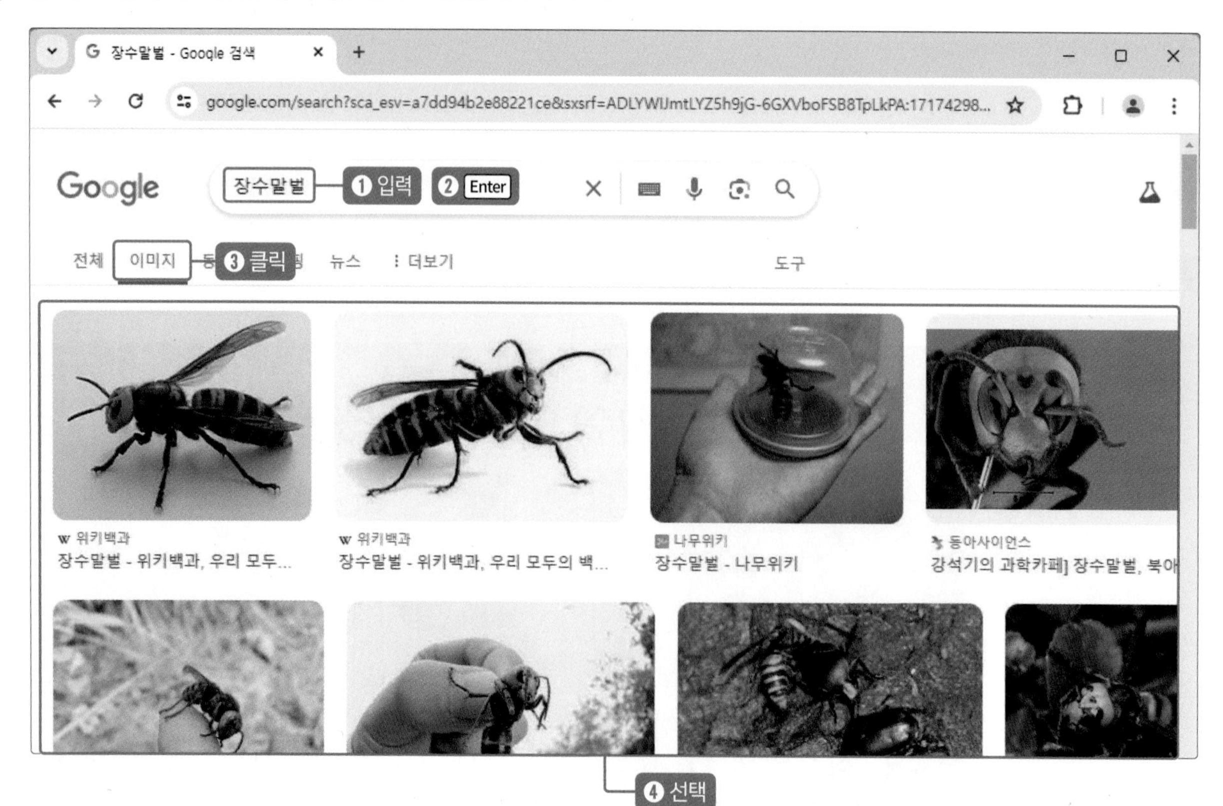

❸ 작업 중이던 한쇼 프로그램을 다시 열어주세요.

❹ 화면을 캡쳐하기 위해 [입력]-[그림]-[스크린 샷( )] → <화면캡쳐>를 클릭해요.

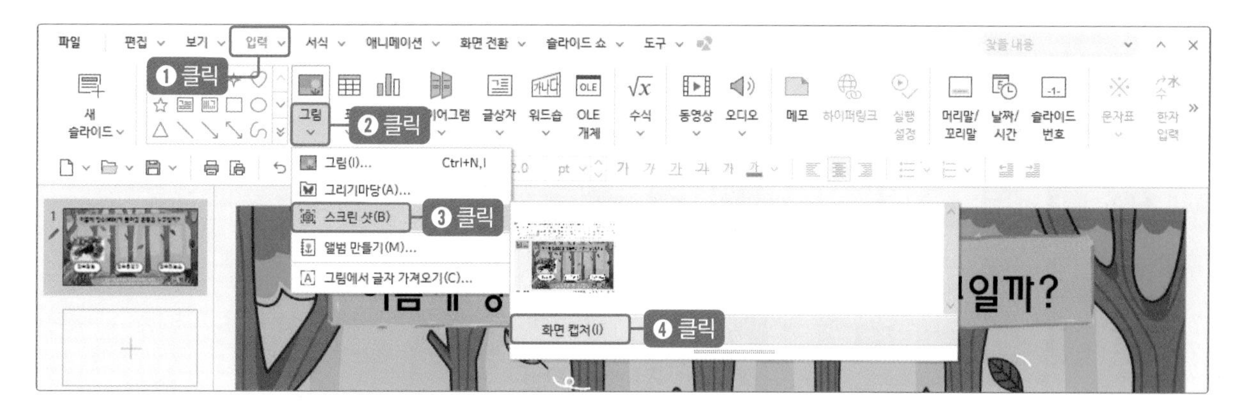

❺ 검색한 그림을 드래그하여 삽입할 영역을 지정한 후 그림이 삽입되면 크기와 위치를 변경해요.

6 [그림( )]-[그림 속성]-[≫]를 클릭하여 그림에 적용하고 싶은 스타일을 선택해요.

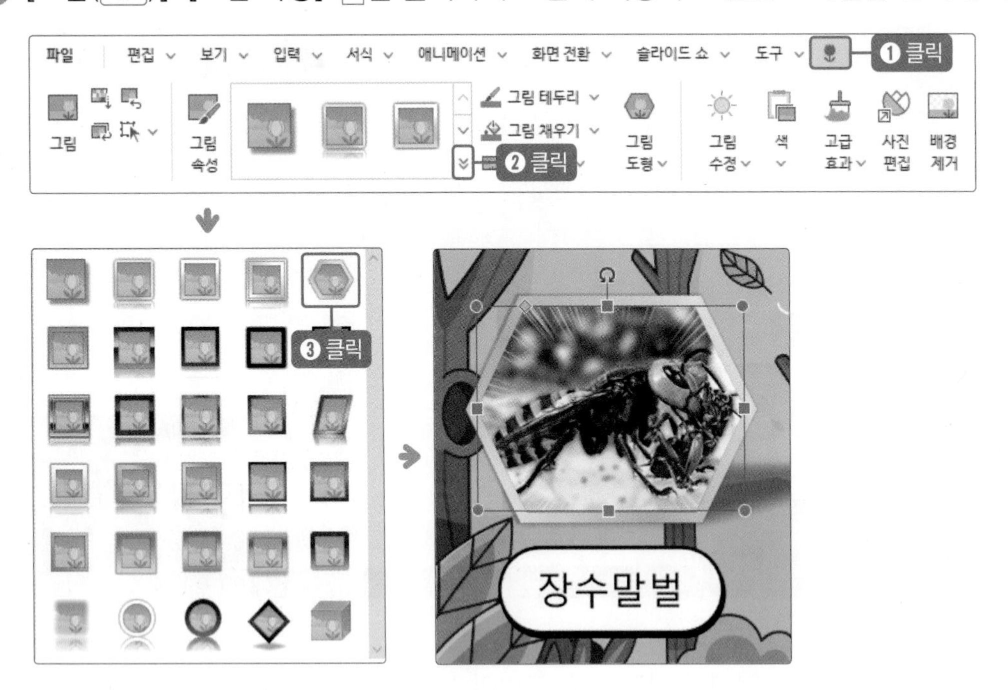

7 똑같은 방법으로 **장수풍뎅이**와 **장수하늘소** 사진을 넣고 스타일을 적용해 보세요.

작품을 완성해요 ›››

❶ 입력된 내용의 글꼴 모양을 변경한 후 '장수'를 한자로 변경해요.

더 멋지게 실력뿜뿜

실습파일 : 장수_곤충_연습문제.show　　완성파일 : 장수_곤충_연습문제(완성).show

❶ 입력된 제목에서 '곤충'을 한자로 변경한 다음 글꼴 서식을 자유롭게 지정해보세요.
❷ 좋아하는 곤충의 그림을 스크린 샷으로 삽입하고 그림 스타일을 적용해요.

남극에는 '펭귄', 북극에는 '곰'

학습목표

★ 퍼즐 조각을 드래그하여 그림을 완성해요.

★ 워드숍을 삽입하여 글자를 꾸며요.

실습파일 펭귄_곰.show　　완성파일 펭귄_곰(완성).show

완성 작품 미리보기

동물 이야기

창의 놀이터 아래 그림에는 여러 가지 그림들이 숨어있어요. 숨은 그림을 찾아 ○표시해 보세요!

1 퍼즐을 완성해요!

❶ 한쇼 2022 프로그램을 실행하여 [Chapter 13_펭귄_곰]-**펭귄_곰.show** 파일을 불러와요.

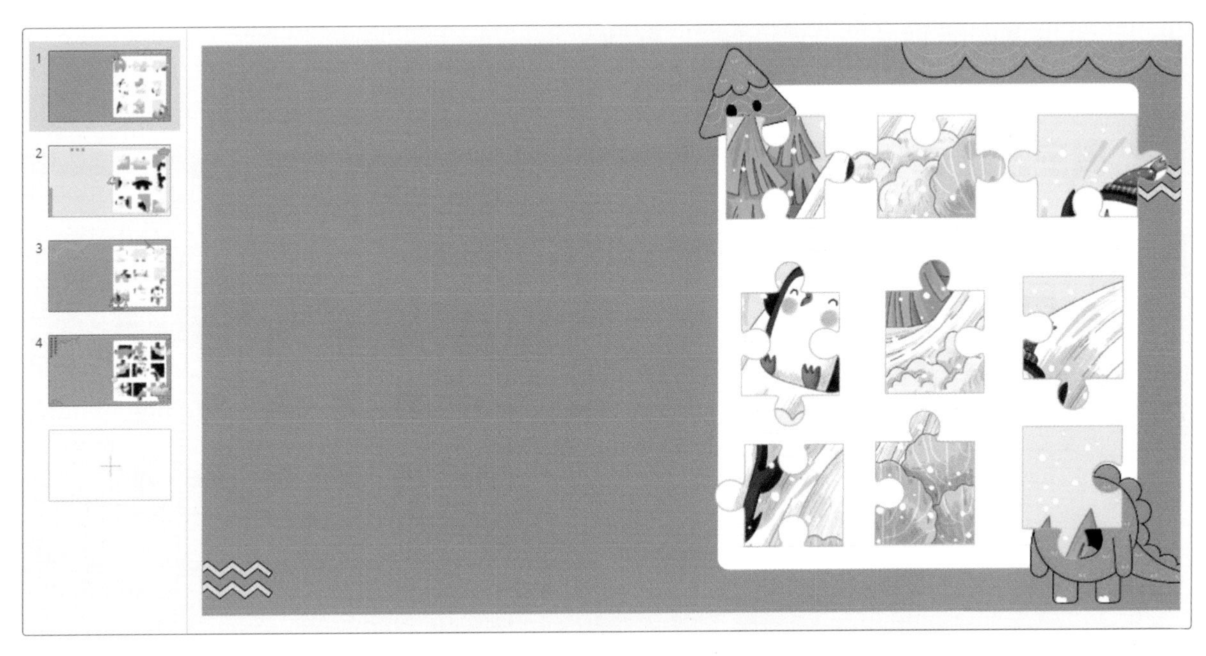

❷ [슬라이드 1]에서 퍼즐 조각을 하나씩 드래그하여 그림을 완성 후 그룹으로 지정해요.

2 워드숍을 삽입해요!

❶ [입력]-[**워드숍(가나다)**]을 클릭하여 원하는 스타일을 선택해요.

❷ '내용을 입력하세요.' 텍스트를 지우고 퍼즐 그림에 어울리는 내용을 입력해보세요.

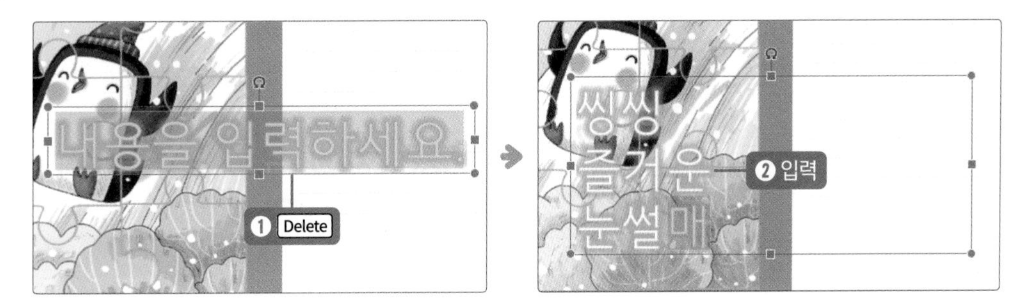

팁 **텍스트 줄바꿈하기**

'씽씽'을 입력한 후 Enter를 누르면 아래 줄에 내용을 입력할 수 있도록 줄바꿈이 실행돼요.

❸ **조절점( )**을 드래그하여 워드숍 글상자의 크기를 줄여요.

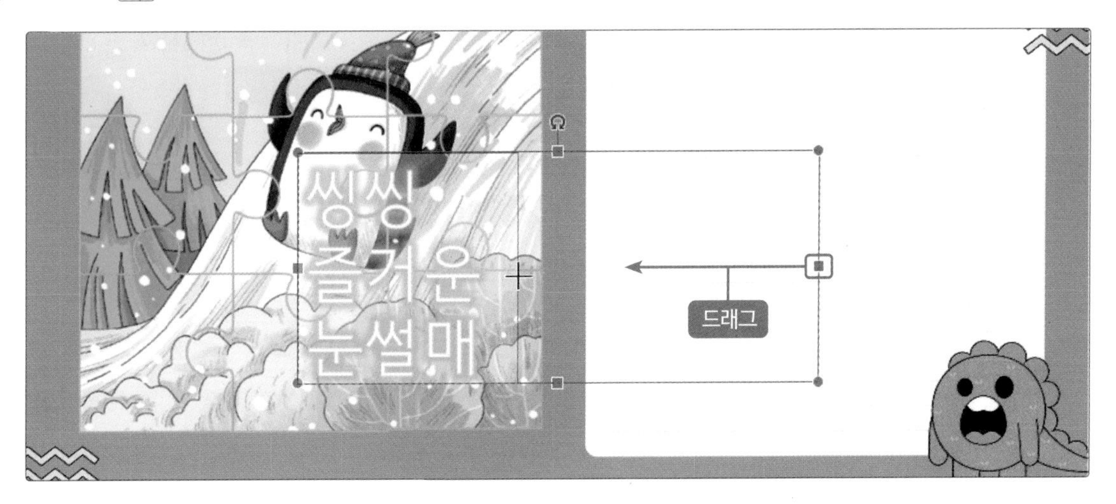

❹ 워드숍 글상자의 테두리를 드래그하여 오른쪽 메모지로 위치를 이동해요.

워드숍의 글꼴 서식을 변경해요!

❶ 워드숍의 글꼴을 변경하기 위해 입력된 내용을 블록으로 지정한 다음 [서식 도구 상자]에서 원하는 글꼴을 선택해요.

❷ 이어서, 글자를 **가운데 정렬(☰)**하여 [슬라이드 1]의 워드숍을 완성해요.

작품을 완성해요 ›››

▲ [슬라이드 1]

▲ [슬라이드 2]

▲ [슬라이드 3]

▲ [슬라이드 4]

❶ 나머지 슬라이드의 퍼즐을 완성해보세요.

❷ 워드숍을 삽입하여 원하는 내용을 입력한 후 글꼴 서식을 변경해요.

더 멋지게 실력 뿜뿜

실습파일 : 펭귄_곰_연습문제.show **완성파일** : 펭귄_곰_연습문제(완성).show

❶ 퍼즐 조각을 이용하여 퍼즐을 완성해요.

❷ 원하는 디자인의 워드숍을 삽입한 후 내용을 입력해요.

❸ 워드숍의 글꼴 서식을 자유롭게 변경해요.

물을 마시지 않는 '코알라'

학습목표

★ RGB 색상을 입력하여 도형에 색을 채워보아요.
★ 맞춤 기능을 이용하여 도형들을 정렬해요.

실습파일 코알라.show 완성파일 코알라(완성).show

완성 작품 미리보기

동물 이야기

창의 놀이터 코알라로 시작하는 단어로 끝말잇기를 완성해 보세요!

1 RGB 색상 입력으로 도형에 색을 채워요!

❶ 한쇼 2022 프로그램을 실행하여 [Chapter 14_코알라]-**코알라.show** 파일을 불러와요.

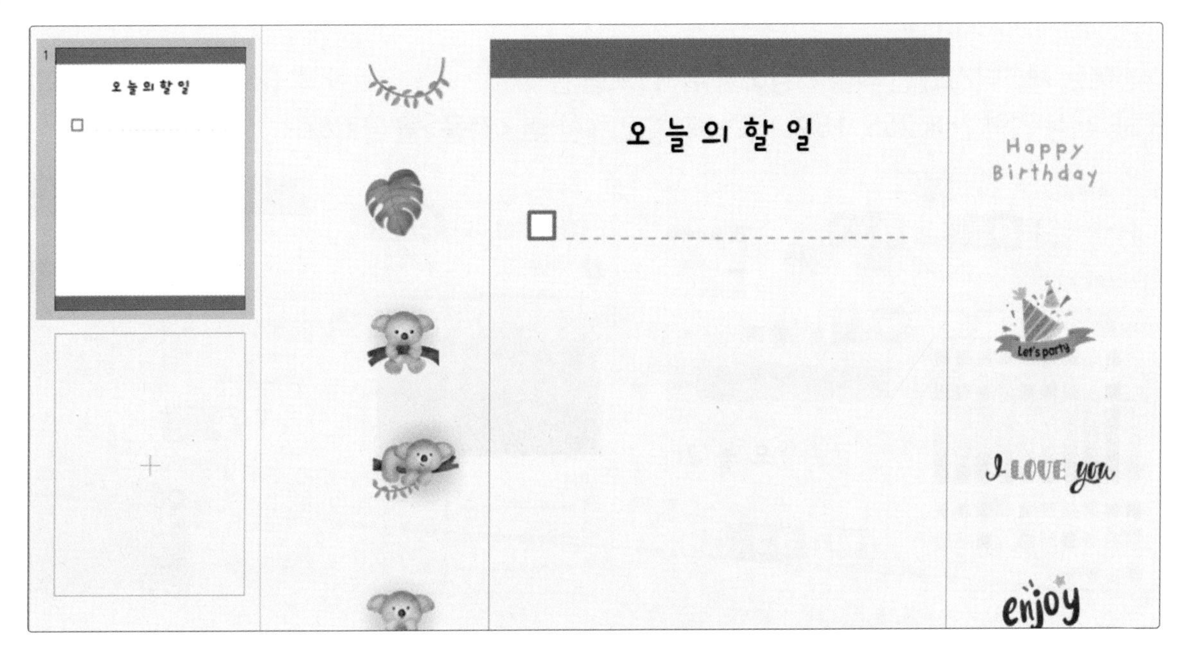

② Shift를 누른 채 위, 아래에 있는 도형을 각각 클릭하여 두개의 도형을 한 번에 선택해요.

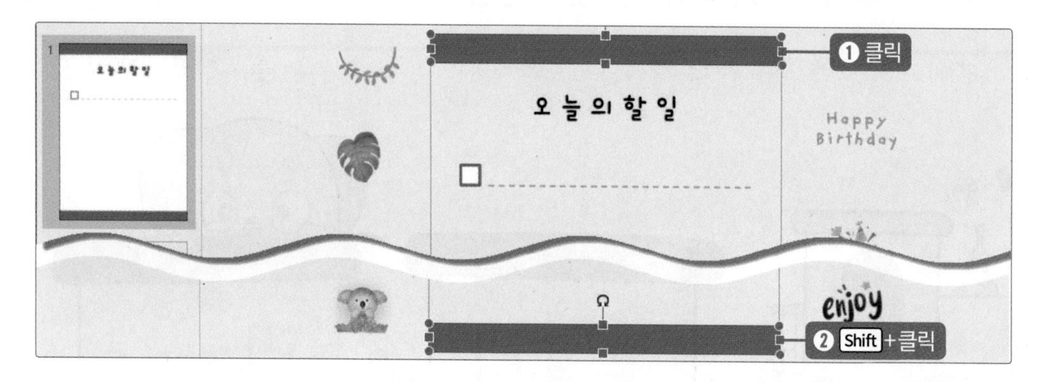

③ [도형( )]-[도형 채우기( )] → **[스펙트럼]**을 선택해요.

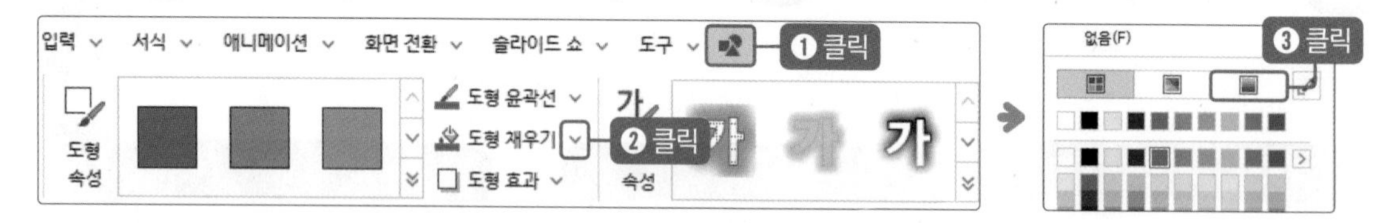

④ RGB 색상 입력 칸에 순서대로 **132, 199, 195** 숫자를 입력한 후 **<적용>**을 클릭해요.

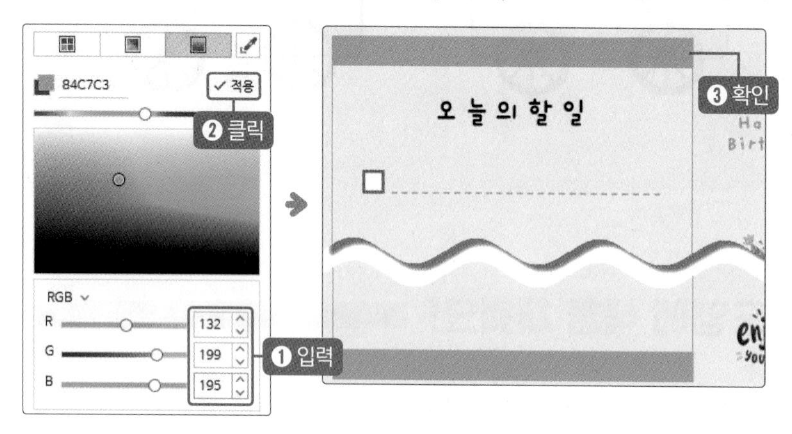

⑤ 이번에는 체크박스의 선 색을 변경하기 위해 [도형 윤곽선]- 를 클릭한 후 **[스펙트럼]**을 선택합니다. RGB 색상 입력 칸에 **255, 159, 152** 숫자를 입력한 후 **<적용>**을 클릭해요.

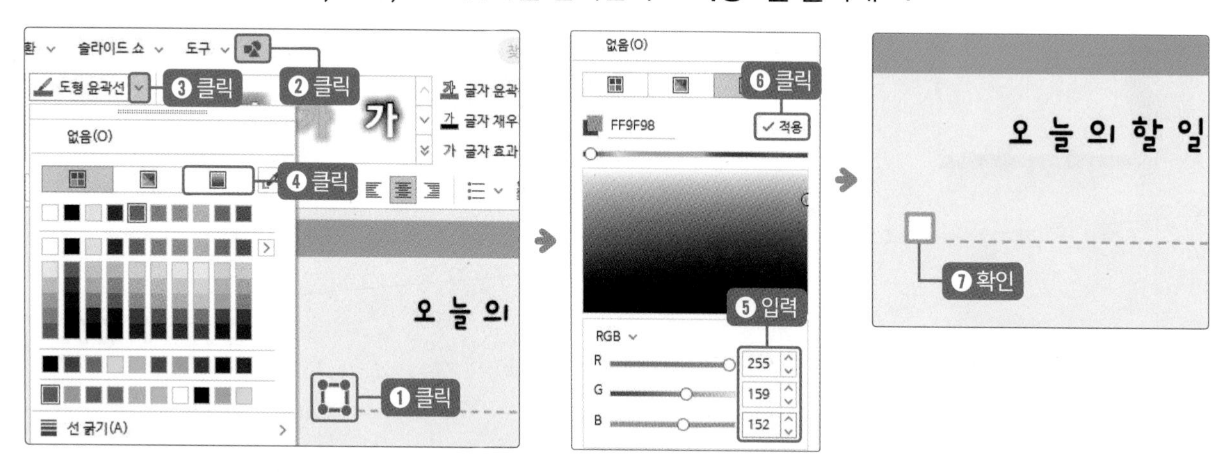

2 개체를 그룹화해서 복사해요!

❶ Shift를 누른 상태에서 체크박스와 선을 각각 선택한 후 [도형( )]-[그룹( )]-**[개체 묶기]**를 클릭하여 하나의 개체로 만들어요.

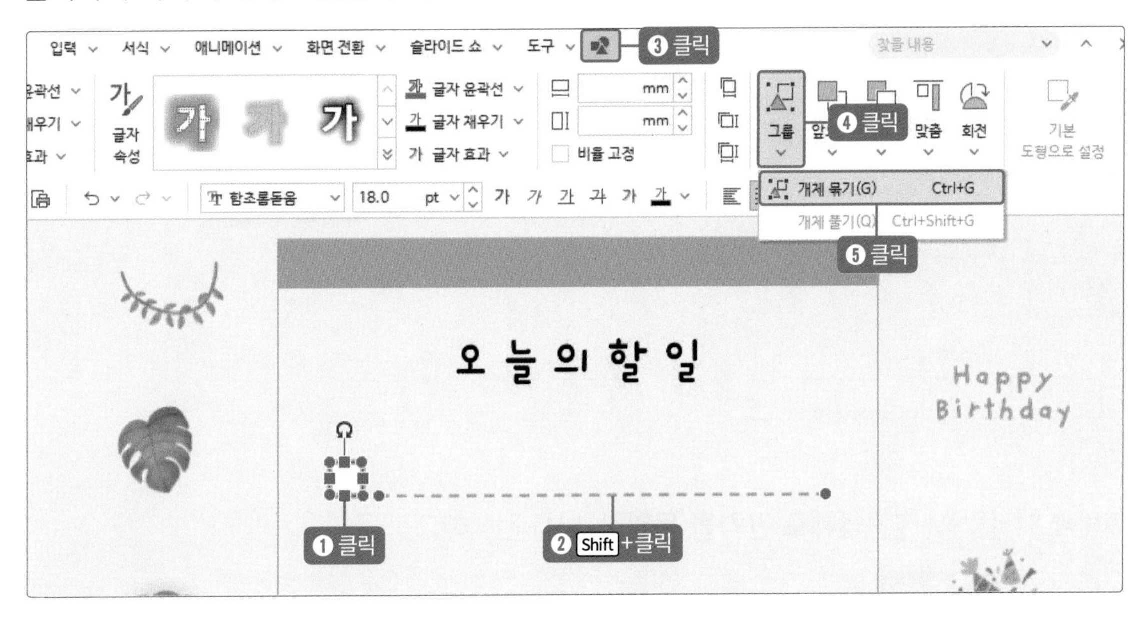

❷ Ctrl+C 키를 눌러서 그룹으로 지정된 개체를 복사해요. 이어서, Ctrl+V 키를 6번 반복하여 눌러 **총 7개의 체크리스트**를 만들어요.

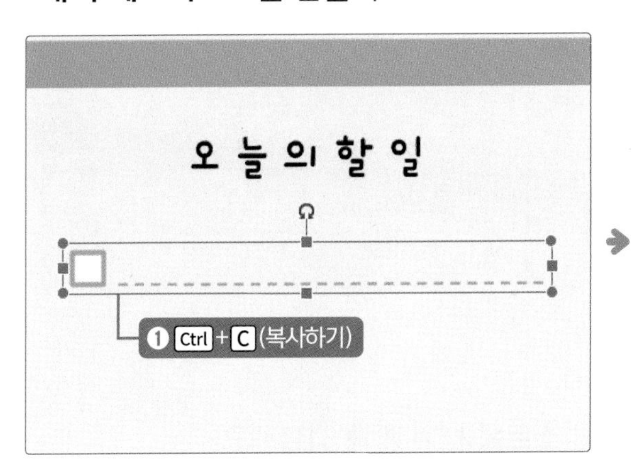

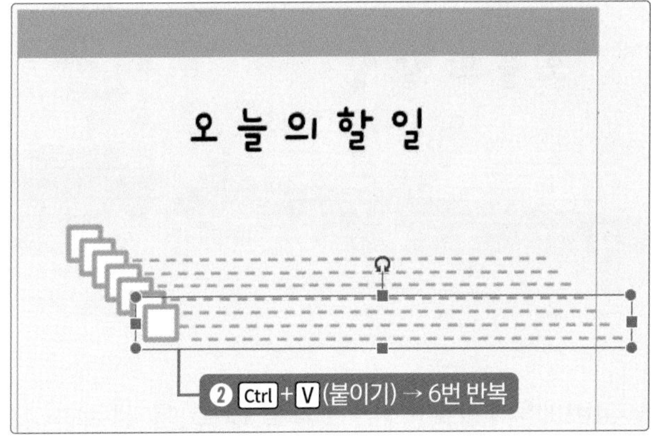

팁 **키보드 조합키를 활용하여 쉽게 복사해요!**

① Ctrl을 누른 상태에서 도형을 원하는 곳으로 드래그하여 복사할 수 있어요.

② Ctrl+Shift를 누른 상태에서는 도형을 드래그하면 반듯하게 복사가 가능해요.

3 맞춤 기능으로 체크리스트를 정렬해요!

1 복사된 개체 중 하나를 아래쪽으로 이동시킨 후 드래그하여 다음과 같이 선택해요.

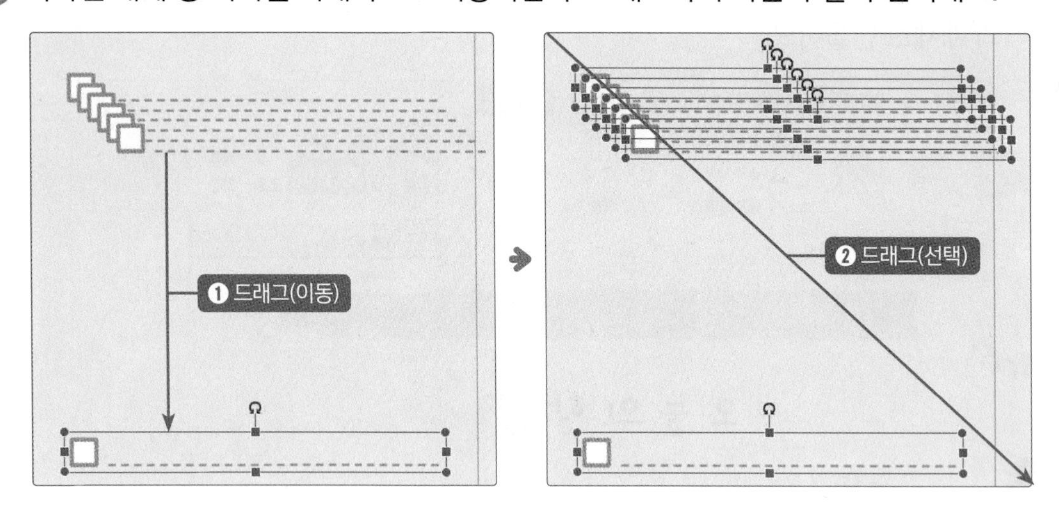

2 [도형( )]-[맞춤( )]-**[세로 간격을 동일하게]**를 선택해요.

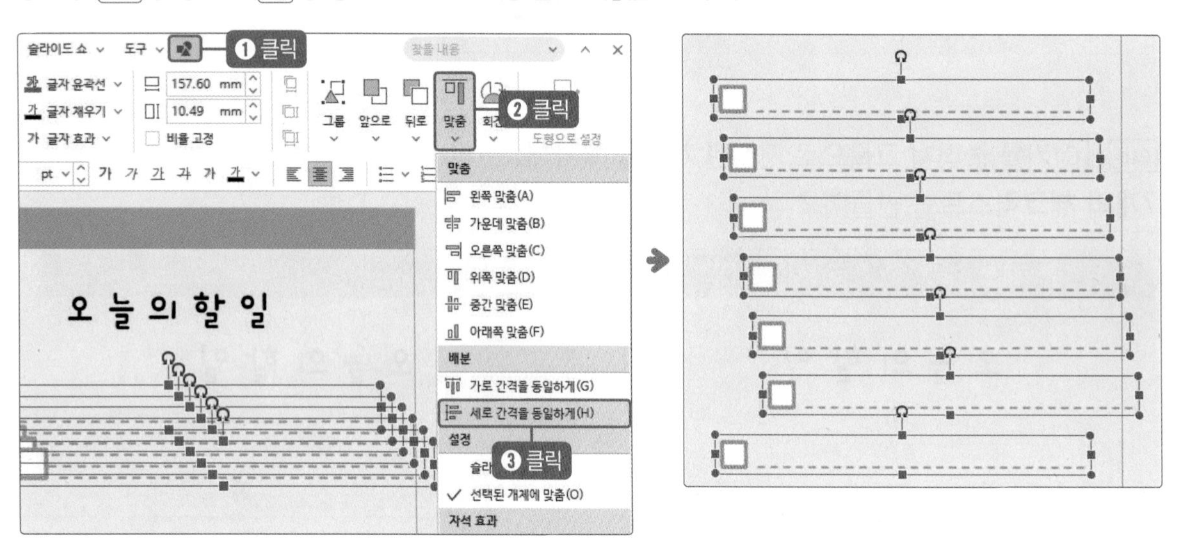

3 이번에는 [맞춤( )]-**[왼쪽 맞춤]**을 선택하여 체크리스트를 보기 좋게 정렬해요.

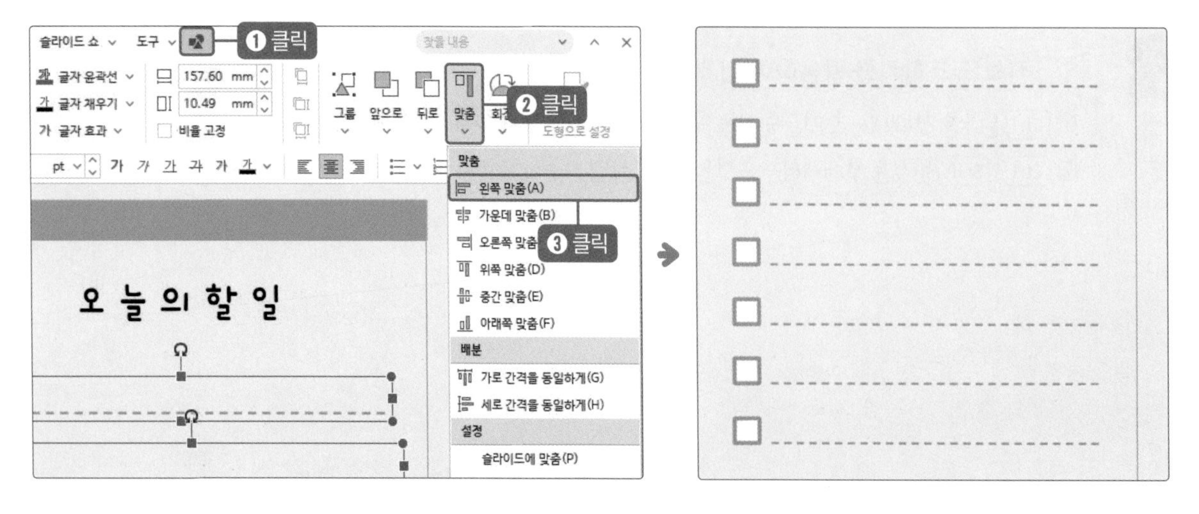

❶ 슬라이드 주변의 그림을 활용하여 예쁘게 완성해보세요.

더 멋지게 실력 뿜뿜

실습파일 : 코알라_연습문제.show **완성파일** : 코알라_연습문제(완성).show

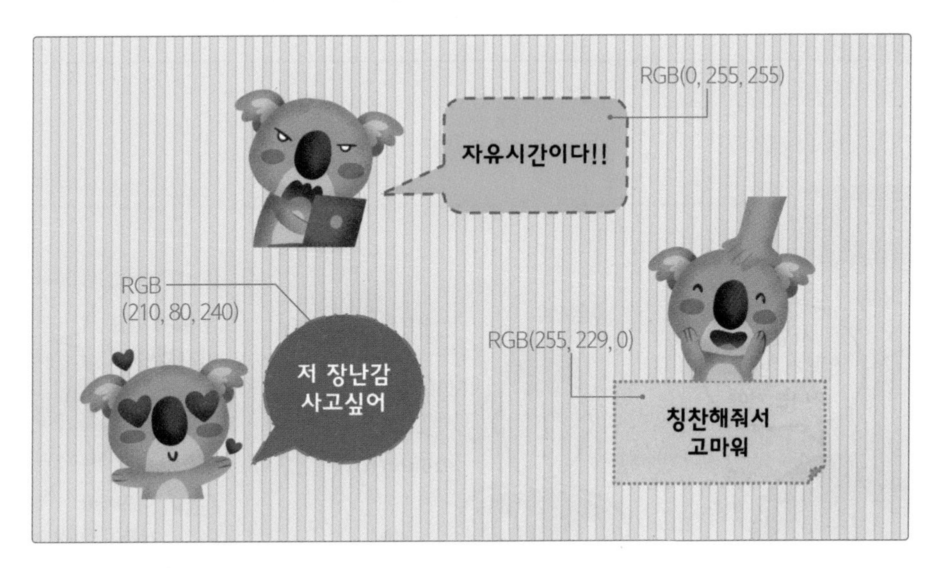

❶ RGB 색상값을 입력하여 채우기 색을 바꿔요.
❷ 코알라 이모티콘을 보고 어울리는 내용을 입력해 보세요.

'거북'은 정말 느릴까

학습목표

★ 표를 삽입한 후 표의 서식을 변경해요.
★ 표 안쪽에 색을 채워보아요.

실습파일 없음 완성파일 거북(완성).show

완성 작품 미리보기

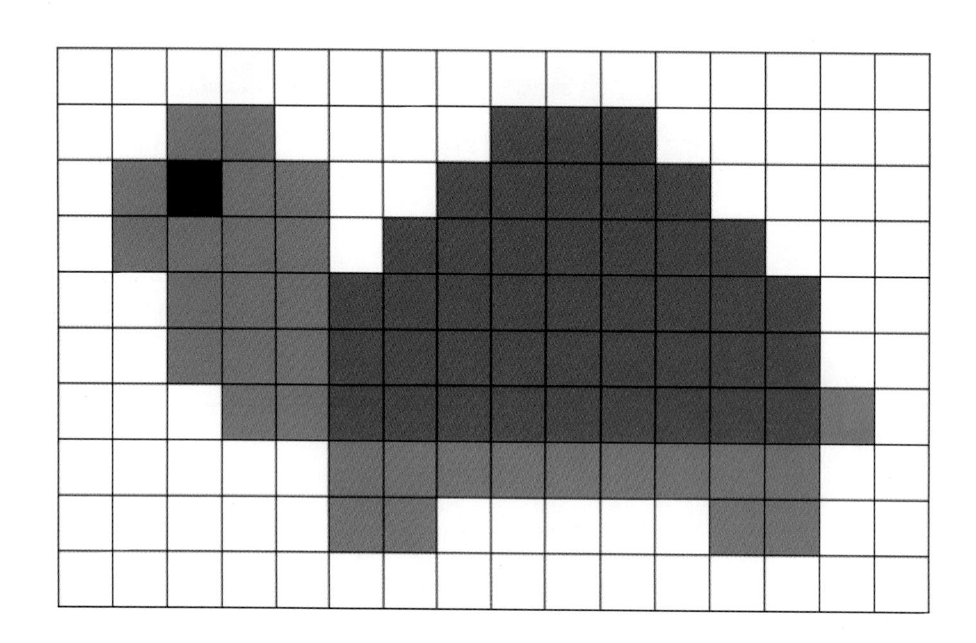

동물 이야기

창의 놀이터 표 안에는 '거북이, 개구리, 카멜레온, 악어' 단어가 숨어있어요. 단어를 모두 찾아보고 그 외 새로운 단어도 있다면 표시해 보세요!

군	개	구	리	트	라	폰	도
더	정	인	빙	브	하	수	마
현	악	망	코	아	왕	샤	뱀
동	어	구	미	라	림	거	해
양	장	향	온	맹	빈	북	피
부	리	레	가	비	피	이	플
스	멜	에	유	강	문	새	우
카	회	절	사	자	고	핑	예

1 한쇼를 실행한 다음 레이아웃을 바꿔요!

❶ 한쇼 2022 프로그램을 실행한 다음 새 문서를 눌러요.

❷ 슬라이드를 비어있는 레이아웃으로 변경하기 위해 [편집]-[레이아웃(▤)] → **[빈 화면]**을 선택해요.

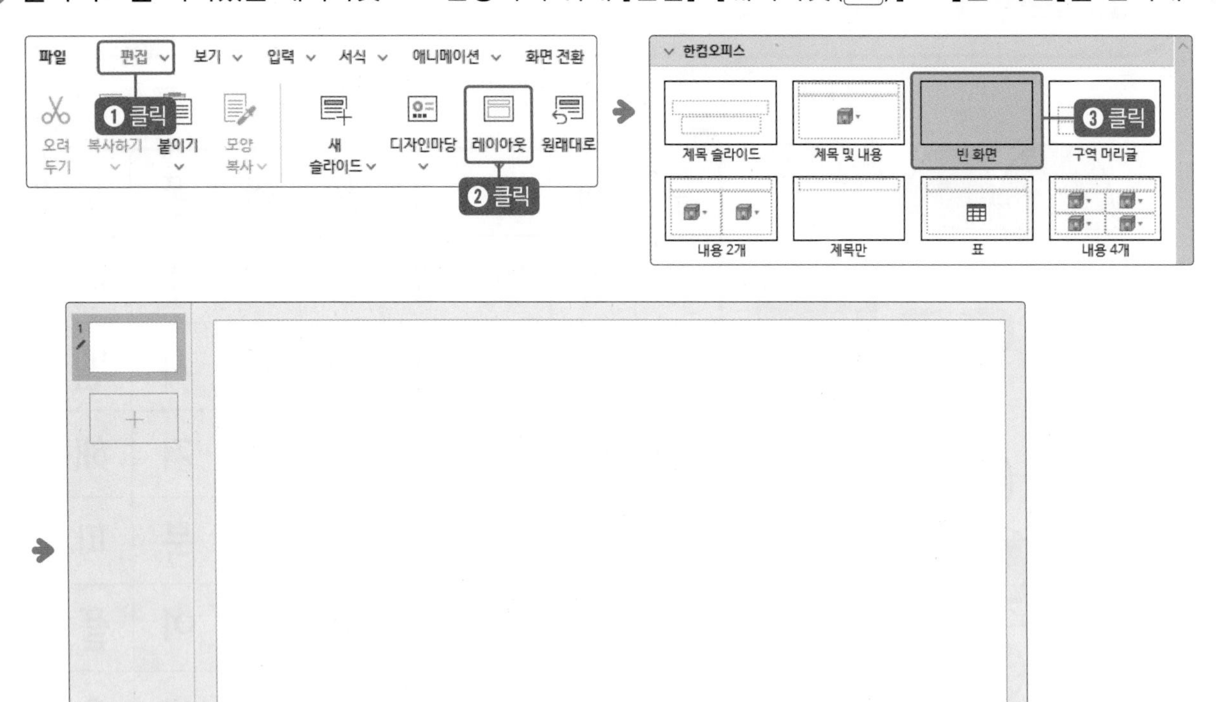

2 표를 삽입하여 서식을 지정해요!

❶ [입력]-**[표(▦)]**를 클릭하여 줄과 칸의 개수를 아래 그림과 같이 입력한 다음 <확인>를 클릭해요.

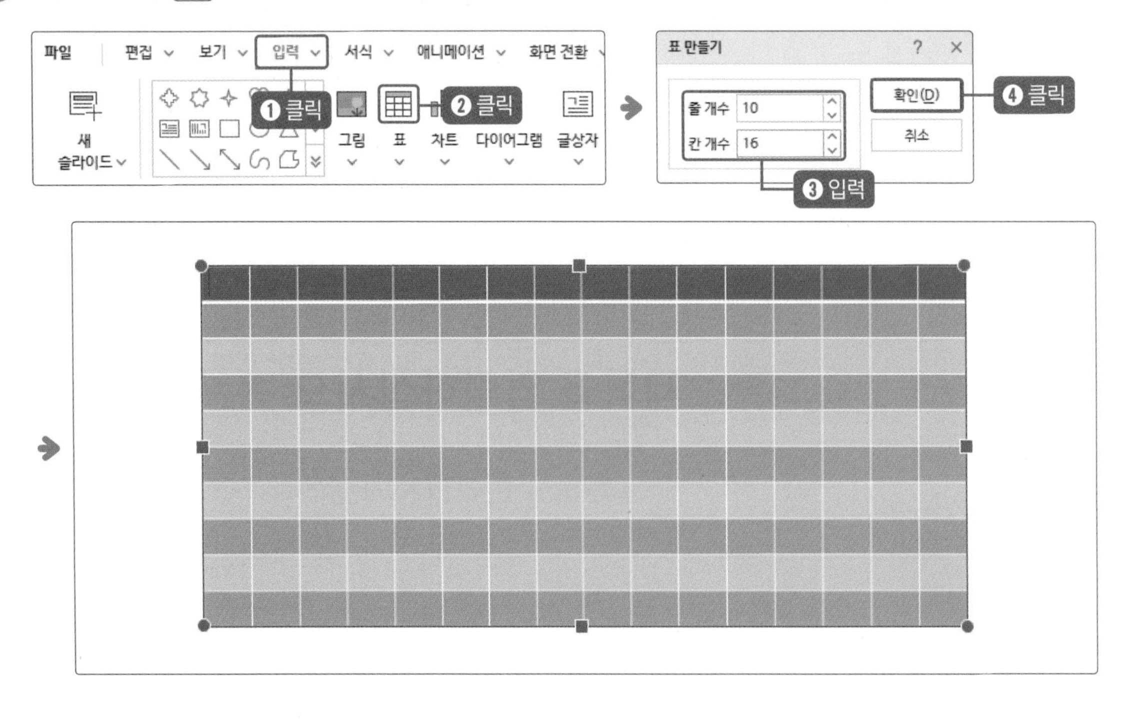

❷ 표 주변의 조절점( )을 이용해 크기를 조절한 다음 표의 테두리를 드래그하여 위치를 변경합니다.

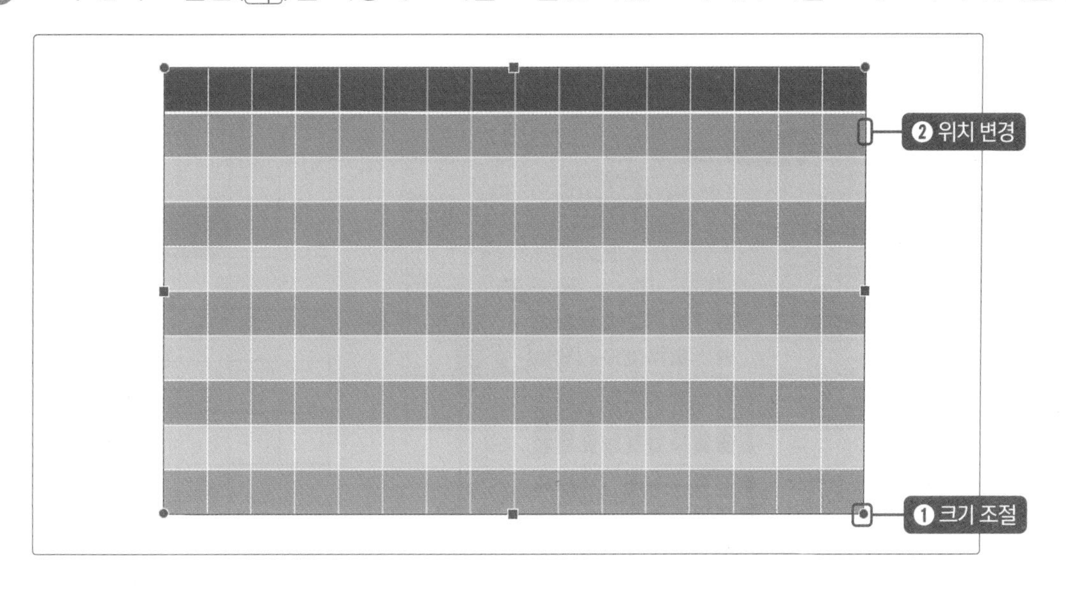

❸ [표 디자인( )]-[테두리( )] → **[모든 테두리( )]**를 클릭해요.

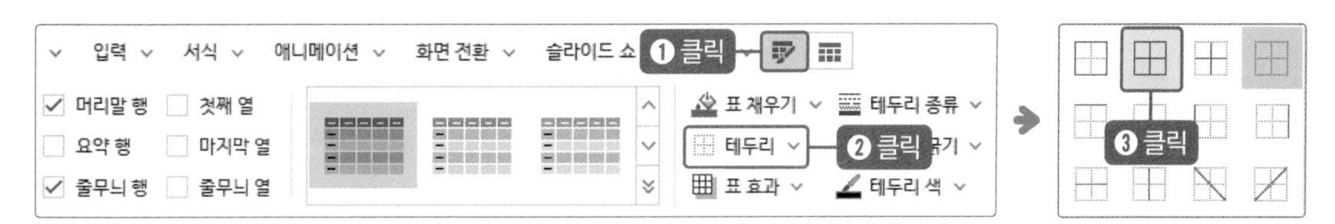

❹ [표 디자인( )]-[표 채우기( )] → **[없음]**을 클릭하여 픽셀아트 작품을 만들기 위한 준비를 모두 마쳐요.

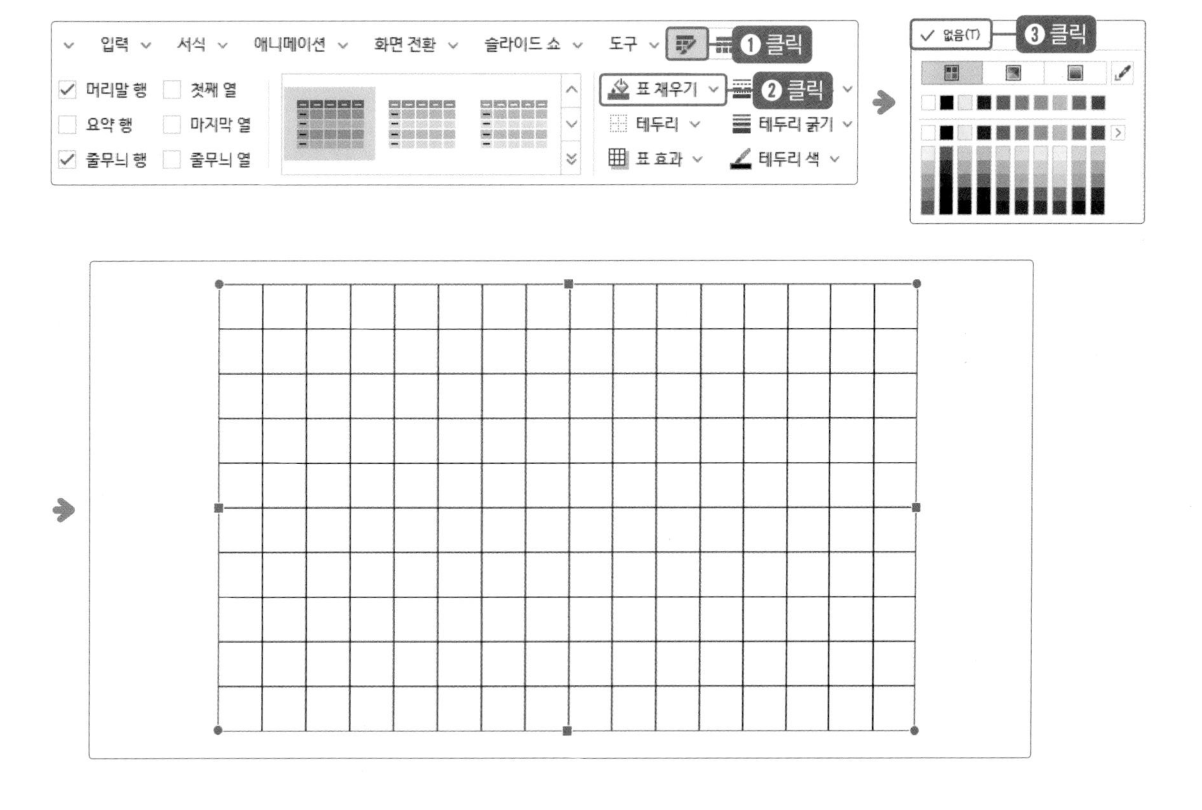

3 표 안에 색을 채워요!

❶ 표 안쪽 셀을 선택한 다음 [표 디자인( )]-[표 채우기( )] → 녹색 계열의 색상을 선택해요.

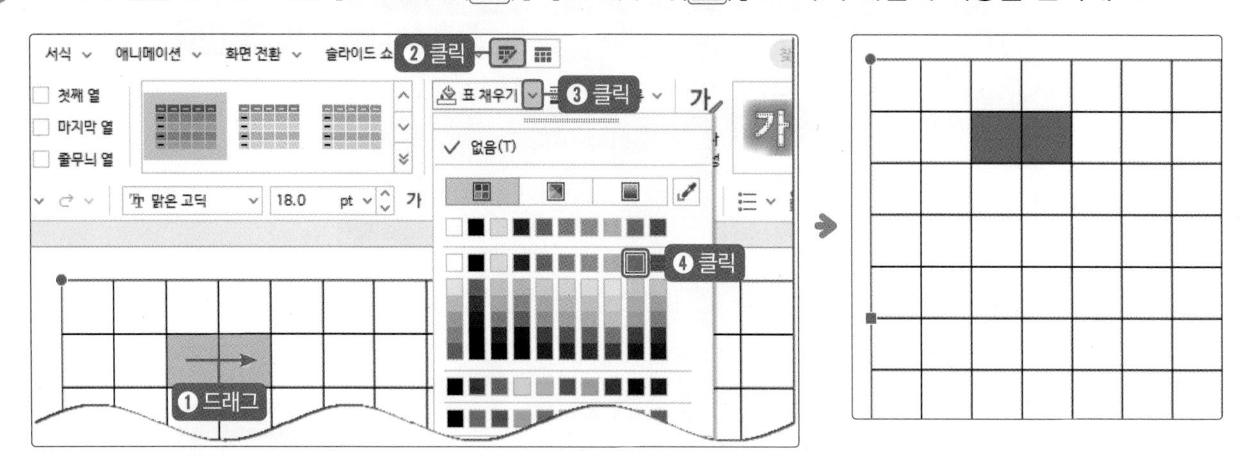

팁 **색을 잘못 칠했어요!**

색을 잘못 칠했을 때는 원하는 색으로 다시 채워주면 돼요.
만약 비어있어야 하는 칸에 색을 채웠다면 [표 디자인( )]-[표 채우기( )] → [없음]을 선택하세요.

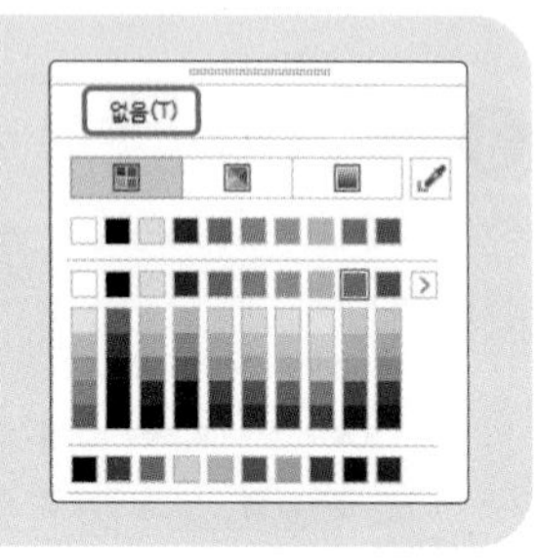

❷ 다음 과정을 따라하여 **거북의 눈**을 만들어 보세요.

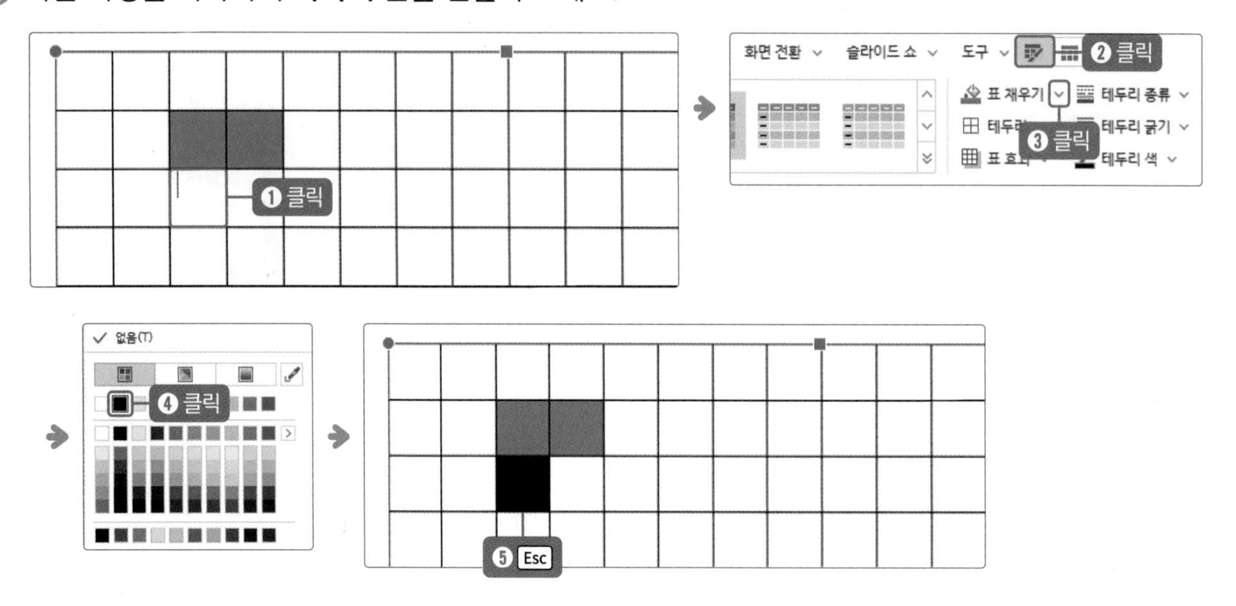

작품을 완성해요 >>>

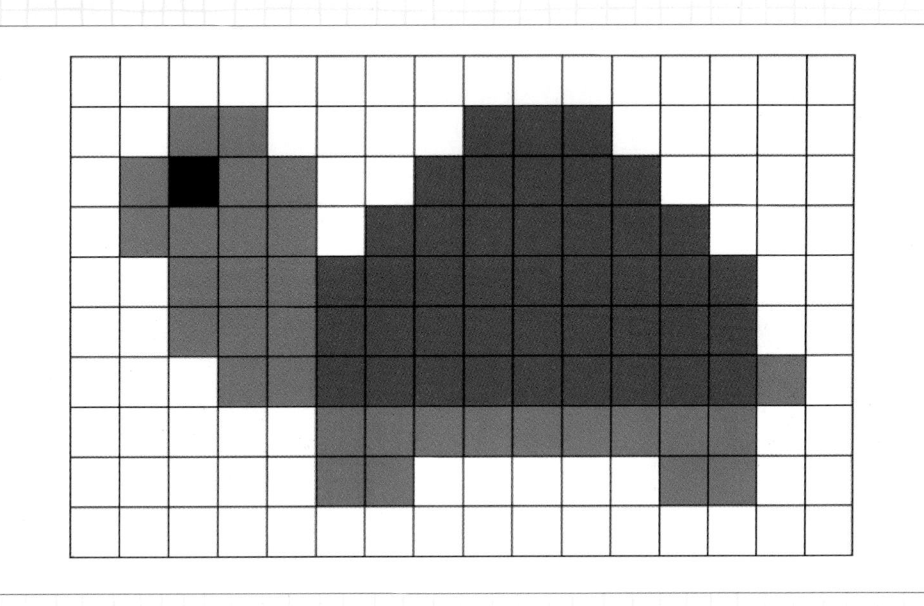

❶ 표 안에 색을 채워 거북 픽셀아트를 완성해 보세요. 거북의 색상이나 모양은 자유롭게 만들어도 좋아요!

실습파일 : 없음 완성파일 : 거북_연습문제(완성).show

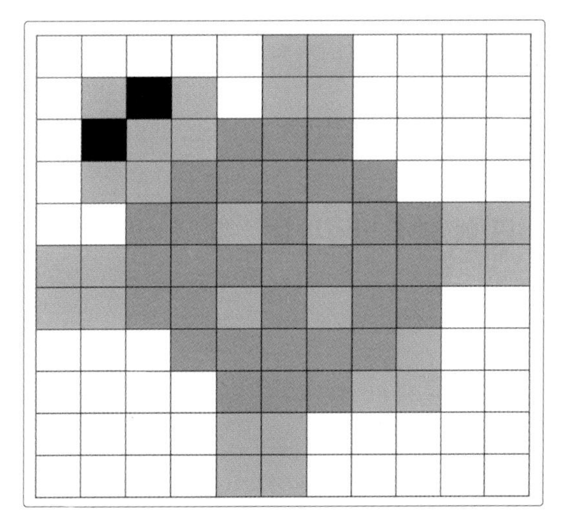

❶ 한쇼 프로그램을 실행한 다음 레이아웃을 '빈 화면'으로 지정해요.

❷ 줄 수와 칸 수를 '11'로 지정하여 표를 삽입한 후 [테두리]-'모든 테두리', [표 채우기]-'없음'으로 지정해요.

❸ 표 안에 색을 채워 거북 픽셀아트를 완성해 보세요.

이만큼 배웠어요

퀴즈를 풀어보면서 지금까지 배운 내용을 정리해요

1 한 번의 클릭으로 그림에 효과를 적용할 수 있는 기능은 무엇일까요?

① 그림 채우기 ② 그림 스타일 ③ 그림 편집 ④ 그림 자르기

2 한쇼에서 제공하는 기능 중 글자를 쉽게 꾸밀 수 있도록 도와주는 기능은 무엇일까요?

① 워드숍 ② 메모 ③ 글상자 ④ 그리기마당

3 한쇼에서 제공하는 기능 중 인터넷 그림을 캡처하여 넣을 수 있도록 도와주는 기능은 무엇일까요?

① 스크린샷 ② 동영상 ③ 표 ④ 앨범 만들기

4 얼룩말의 무늬는 '검정색 바탕에 흰 무늬일까요?' '흰색 바탕에 검정색 무늬일까요?'

5 알이 아닌 새끼를 낳는 동물을 포유류라고 불러요. 포유류 동물을 5종류만 적어보세요.

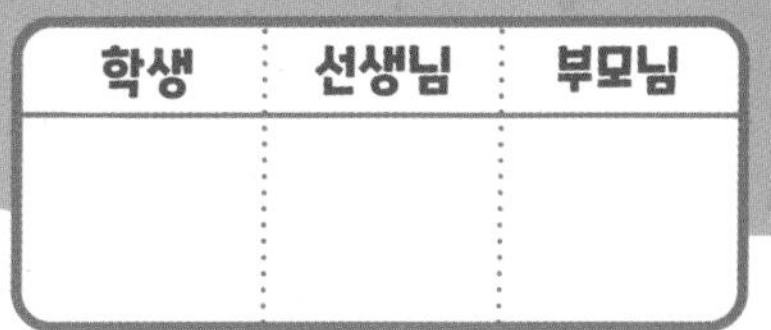

아래 작업 순서를 참고하여 자유롭게 슬라이드를 완성해요

실습파일 : 16_연습문제.show　　완성파일 : 16_연습문제(완성).show

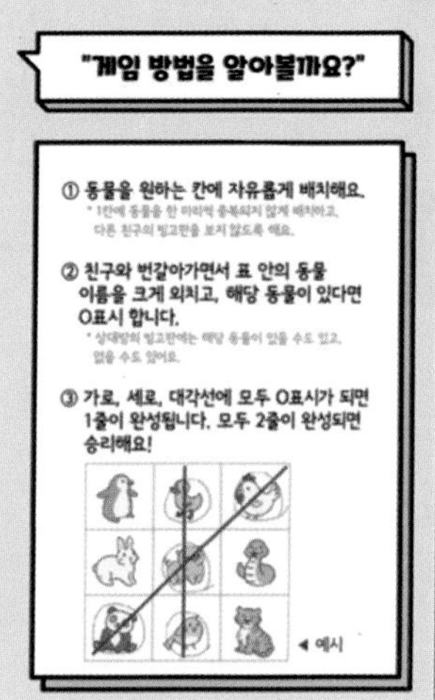

작업 순서

❶ 슬라이드 왼쪽에 입력되어 있는 제목에 워드숍을 적용해요.

- 워드숍 : [입력]-[워드숍]-[⌄]

❷ 줄 수와 칸 수 모두 '3'으로 맞추어 표를 삽입한 다음 서식을 변경해요.

- 표 삽입 : [입력]-[표( )]
- 표 테두리 : [표( )]-[테두리( )] → [모든 테두리]
- 채우기 색 : [표( )]-[표 채우기] → [없음]

❸ 동물 그림을 삽입한 후 그림의 배경을 투명하게 지정하고 표 안에 배치해요.

- 그림 삽입 : [입력]-[그림( )]
- 배경 투명하게 지정 : [그림( )]-[색( )] → [투명한 색 설정]

❹ F5를 눌러 슬라이드 쇼를 실행해요. 마우스 오른쪽 버튼을 눌러 [펜 설정]-[펜]을 선택한 다음 빙고 게임을 해보세요.

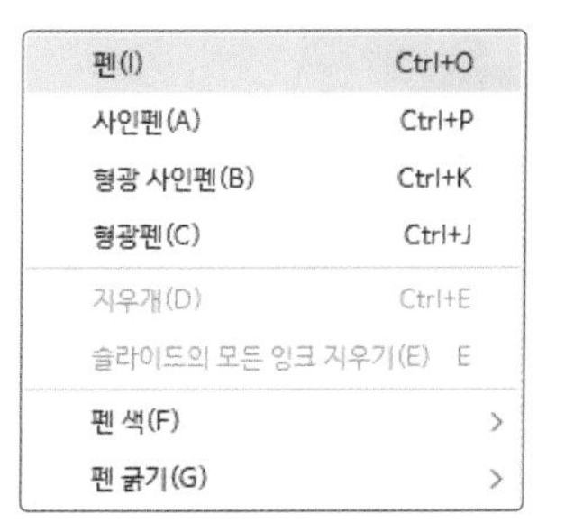

괴짜 포유류 '오리너구리'

★ 문단 오른쪽 이동 기능을 이용하여 문단의 수준을 늘려요.
★ 줄 간격을 변경하고, 번호 매기기 및 글머리표를 지정해요.

실습파일 오리너구리.show 완성파일 오리너구리(완성).show

완성 작품 미리보기

오리너구리는 왜 괴짜 포유류일까?

① 오리너구리의 생김새
- ➢ 몸통은 너구리같이 생겼어요.
- ➢ 오리처럼 주둥이와 물갈퀴를 가지고 있어요.
- ➢ 포유류는 이빨이 있지만 오리너구리는 이빨이 없어요.

② 오리너구리의 특징
- ➢ 포유류는 새끼를 낳지만 오리너구리는 알을 낳아요.
- ➢ 뒷발에 독을 가지고 있어요.

③ 오리너구리가 사는 곳
- ➢ 연못이나 늪지대 같은 곳에 살지만 육지에서도 함께 생활해요.

동물 이야기

창의 놀이터 5개의 질문과 대답이 적혀있습니다. 어떤 동물인지 생각해보고 정답을 적어보세요!

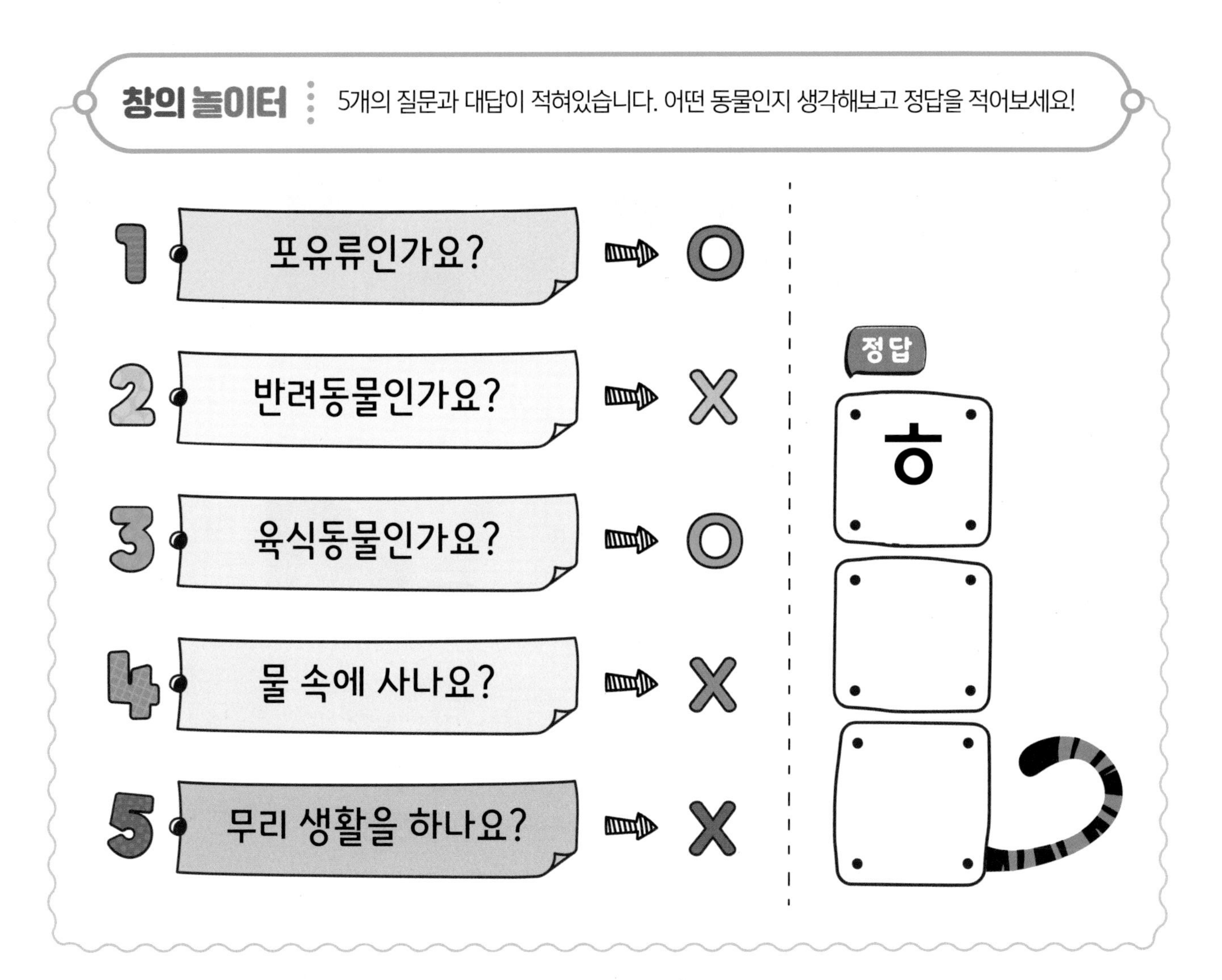

1 목록 수준과 줄 간격을 변경해요!

1. 한쇼 2022 프로그램을 실행하여 [Chapter 17_오리너구리]-**오리너구리.show** 파일을 불러와요.

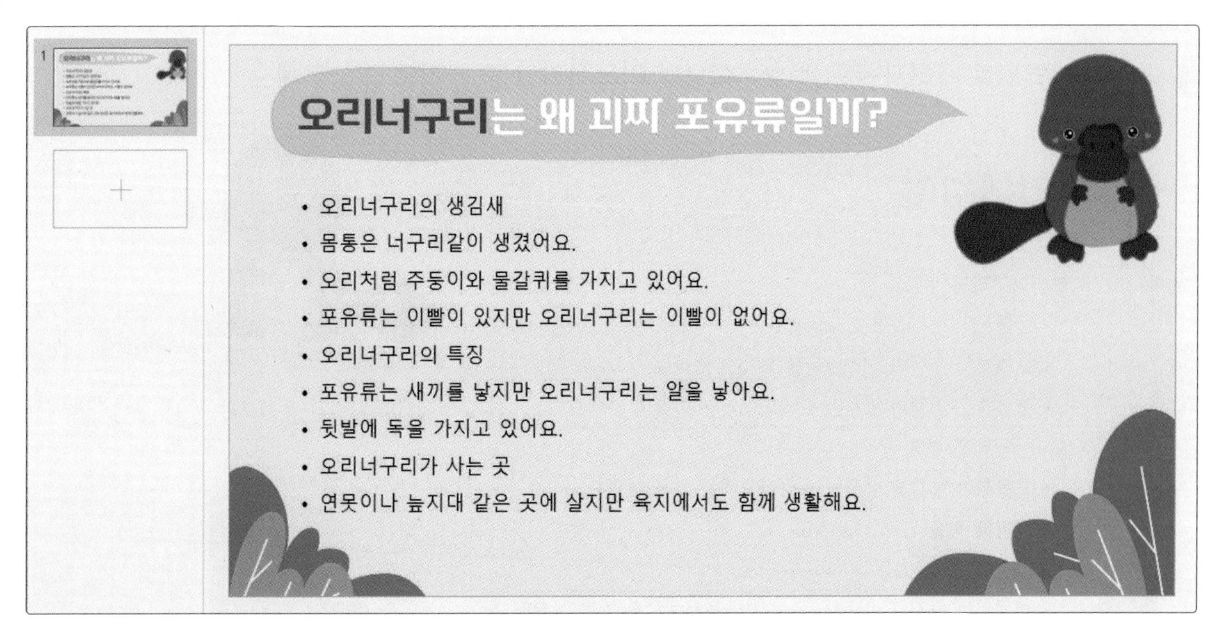

❷ 아래 그림과 같이 텍스트를 블록으로 지정해요. 단, 앞쪽 기호는 블록으로 지정되지 않아요.

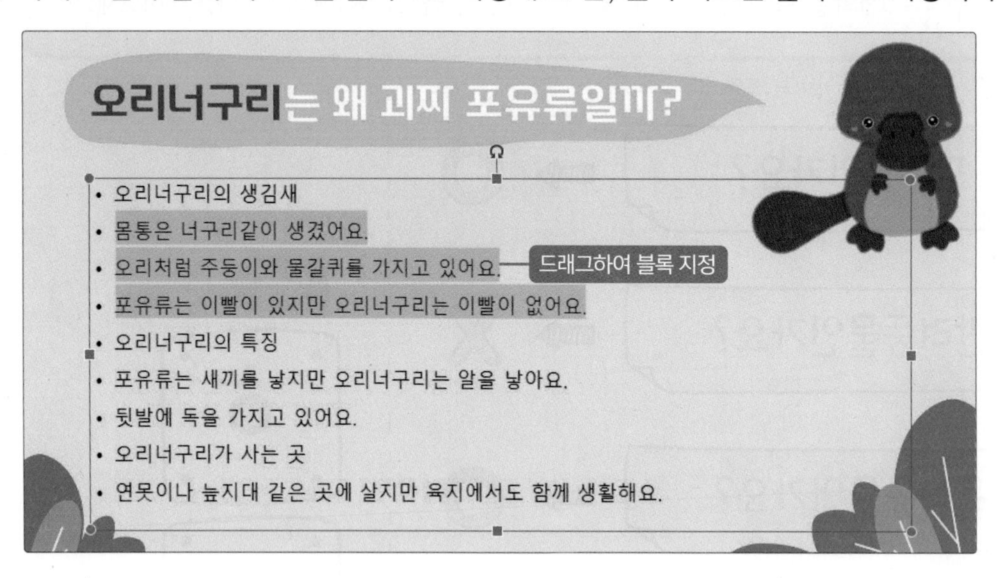

❸ [서식]-[(문단 오른쪽 이동)]을 클릭해요.

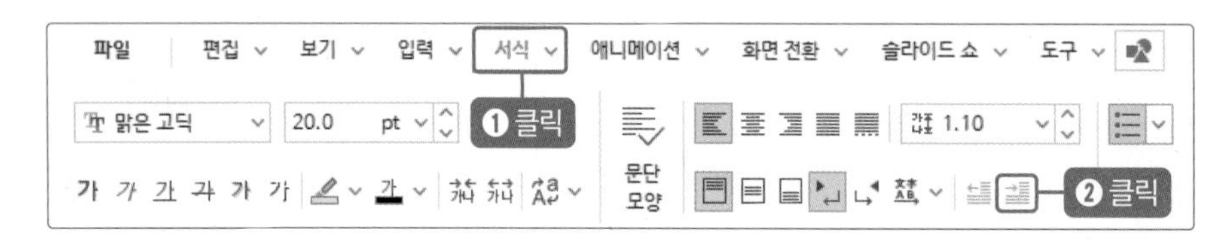

❹ 내용이 보기 좋게 구분되면 [서식]-[1.10(줄 간격)] → 1.50을 선택하여 줄 간격을 넉넉하게 변경해 보세요.

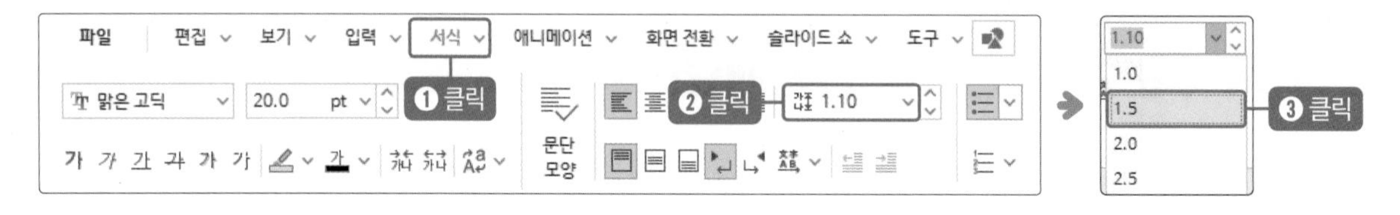

❺ 동일한 방법으로 나머지 문단을 오른쪽으로 이동시키고 줄 간격을 넓혀주세요.

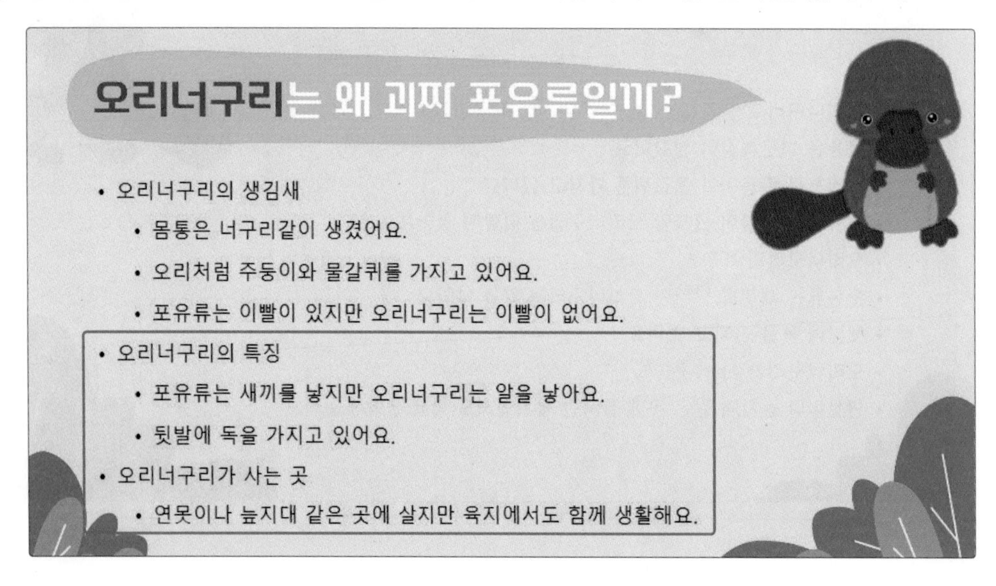

2 문단 번호를 지정해요!

❶ 아래 그림과 같이 텍스트를 블록으로 지정해요.

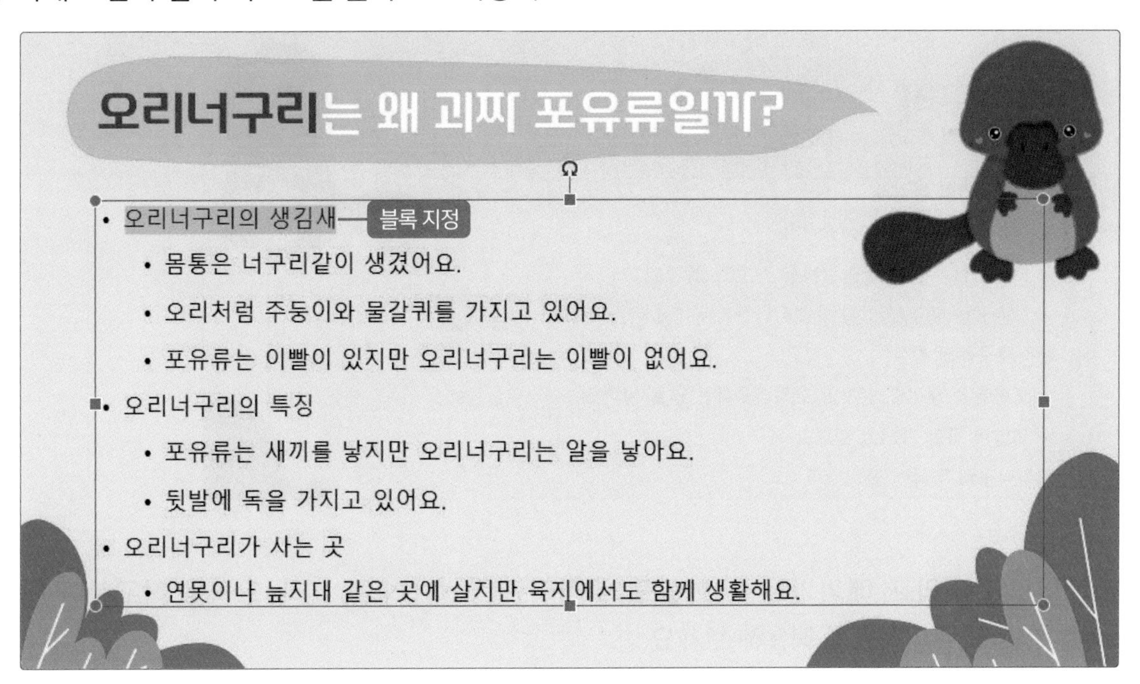

❷ [서식]-[(문단 번호 매기기)] → **원 숫자**를 선택해요.

❸ 동일한 방법으로 번호 매기기를 적용해보세요.

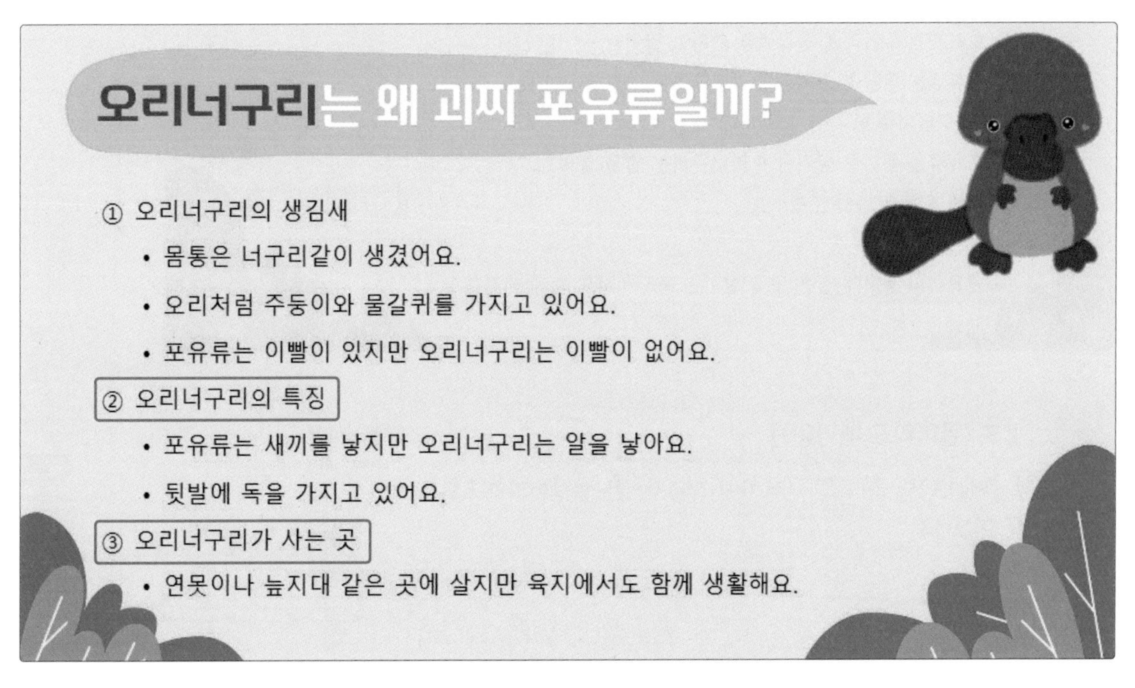

3 글머리표를 지정해요!

❶ 아래 그림과 같이 텍스트를 블록으로 지정해요.

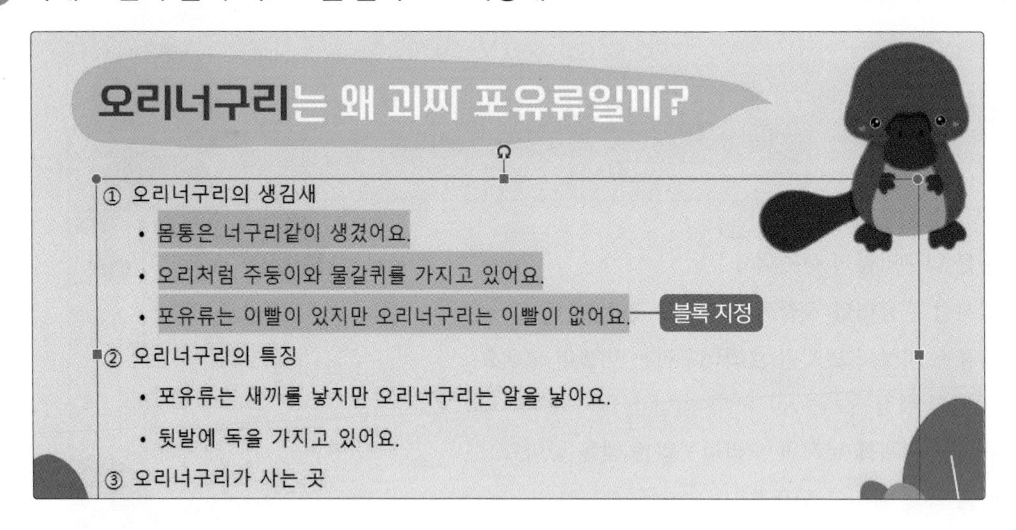

❷ [서식]-[**(글머리표 매기기)**] → **화살표 글머리표**를 선택해요. 아래 그림을 참고하여 나머지 내용에도 화살표 글머리표를 적용해 보세요.

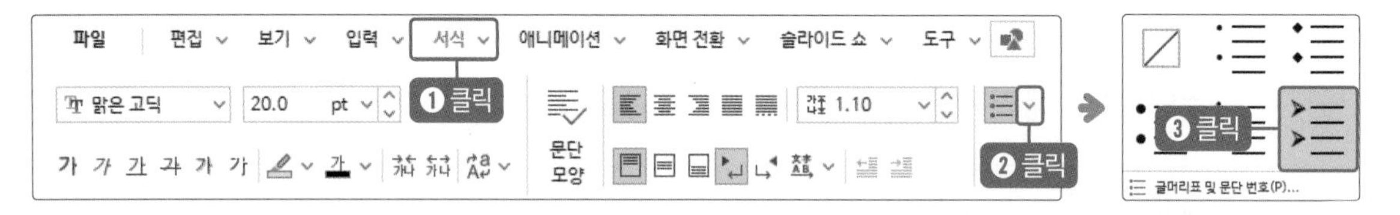

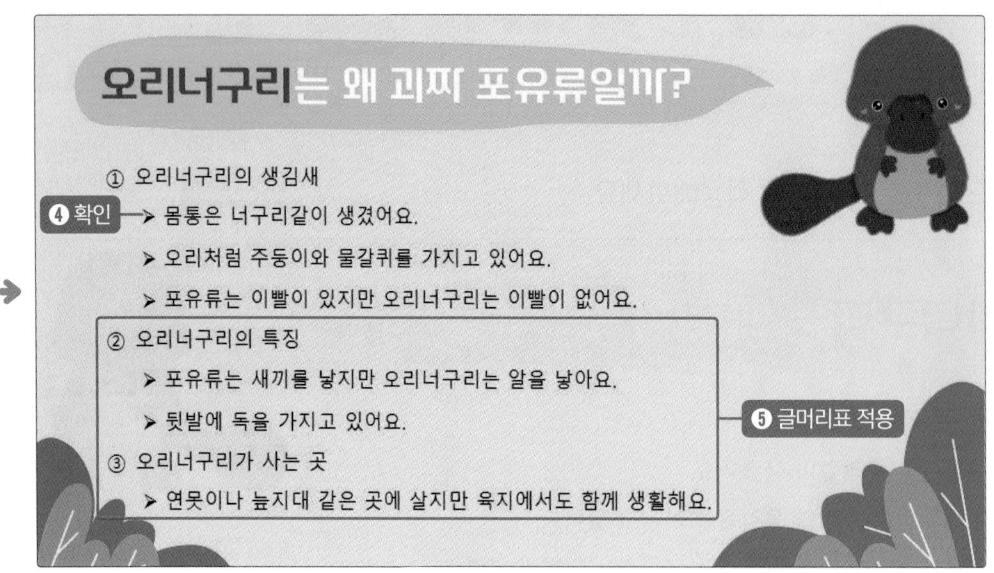

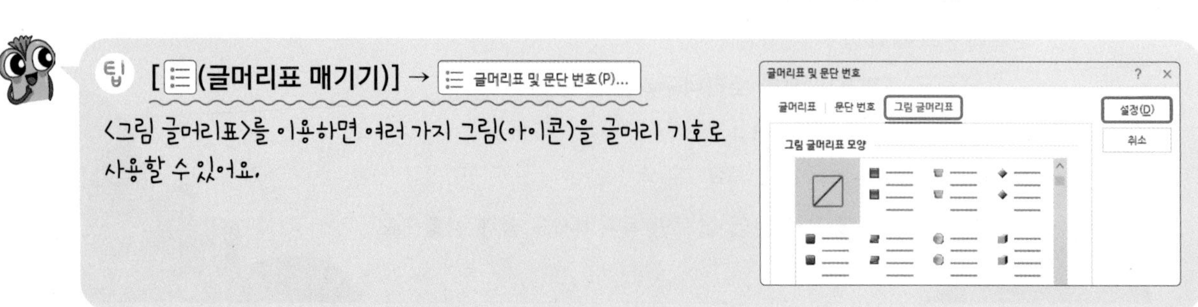

작품을 완성해요 >>>

오리너구리는 왜 괴짜 포유류일까?

① 오리너구리의 생김새
➤ 몸통은 너구리같이 생겼어요.
➤ 오리처럼 주둥이와 물갈퀴를 가지고 있어요.
➤ 포유류는 이빨이 있지만 오리너구리는 이빨이 없어요.

② 오리너구리의 특징
➤ 포유류는 새끼를 낳지만 오리너구리는 알을 낳아요.
➤ 뒷발에 독을 가지고 있어요.

③ 오리너구리가 사는 곳
➤ 연못이나 늪지대 같은 곳에 살지만 육지에서도 함께 생활해요.

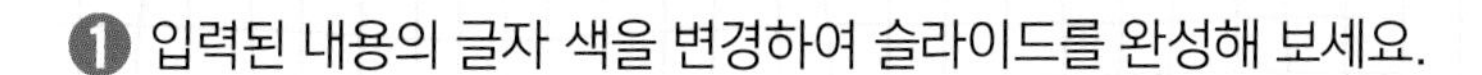

❶ 입력된 내용의 글자 색을 변경하여 슬라이드를 완성해 보세요.

실습파일 : 오리너구리_연습문제.show 완성파일 : 오리너구리_연습문제(완성).show

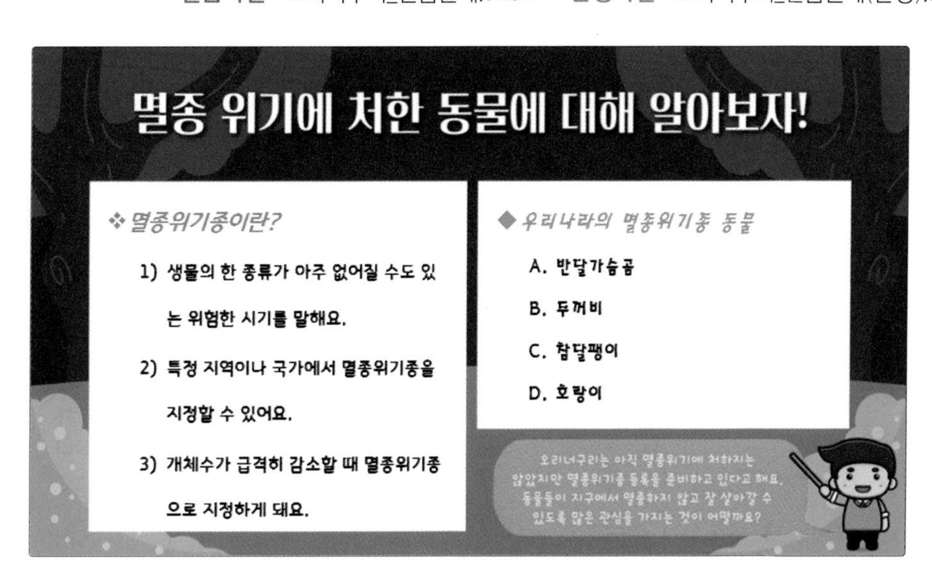

❶ 위 이미지를 참고하여 문단 오른쪽 이동을 적용한 다음 글머리표 및 번호 매기기를 지정해 보세요.
❷ 줄어든 줄 간격을 적당하게 조절한 다음 글꼴 서식을 자유롭게 변경해 보세요.

귀여운 '햄스터'의 특징

학습목표

★ 다이어그램을 넣어 편집해 보세요.

★ 다이어그램의 색상과 스타일을 변경해요.

실습파일 햄스터.show 완성파일 햄스터(완성).show

완성 작품 미리보기

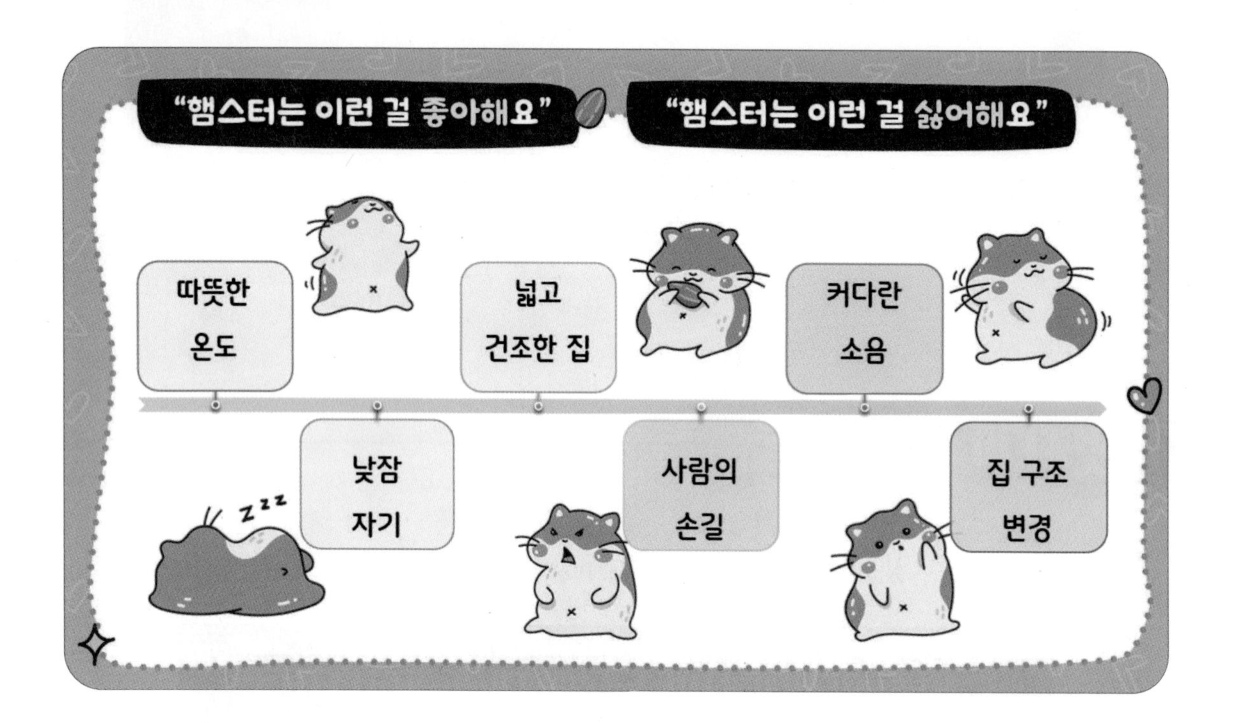

동물 이야기

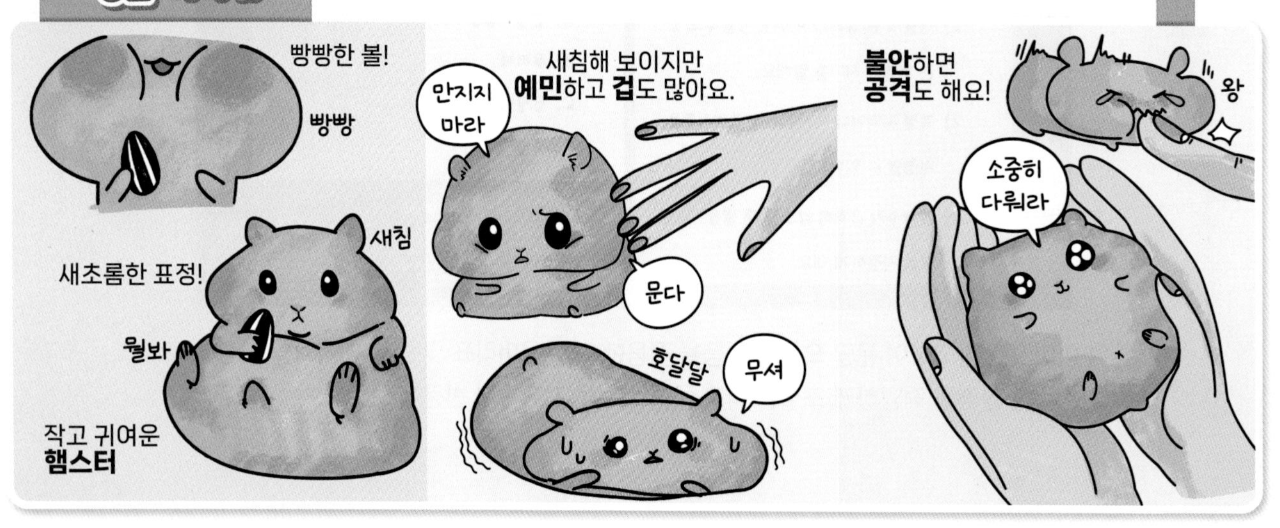

창의 놀이터 아래 소풍 그림에서 '햄스터' 글자의 자음(예 : ㄱ, ㄴ, ㅁ)과 모음(예 : ㅏ, ㅣ, ㅗ)을 찾아 ○표시해 보세요!

1 다이어그램을 추가한 후 편집해요!

❶ 한쇼 2022 프로그램을 실행하여 [Chapter 18_햄스터]-햄스터.show 파일을 불러와요.

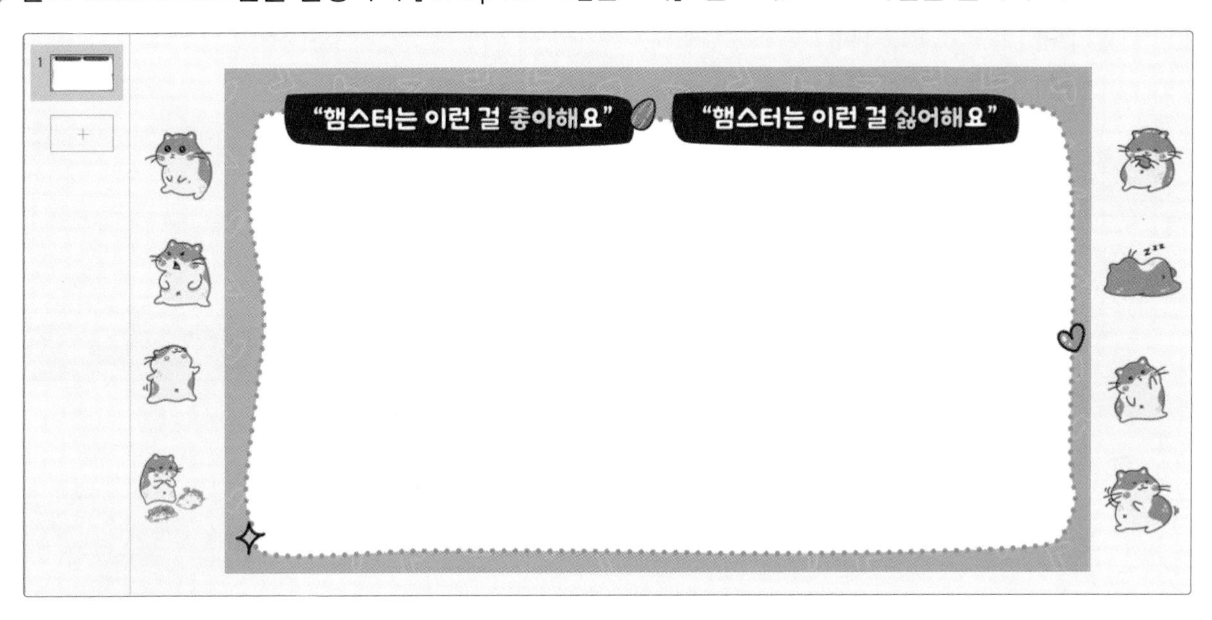

❷ [입력]-[다이어그램( )]-[시간 흐름 막대형]을 클릭해요.

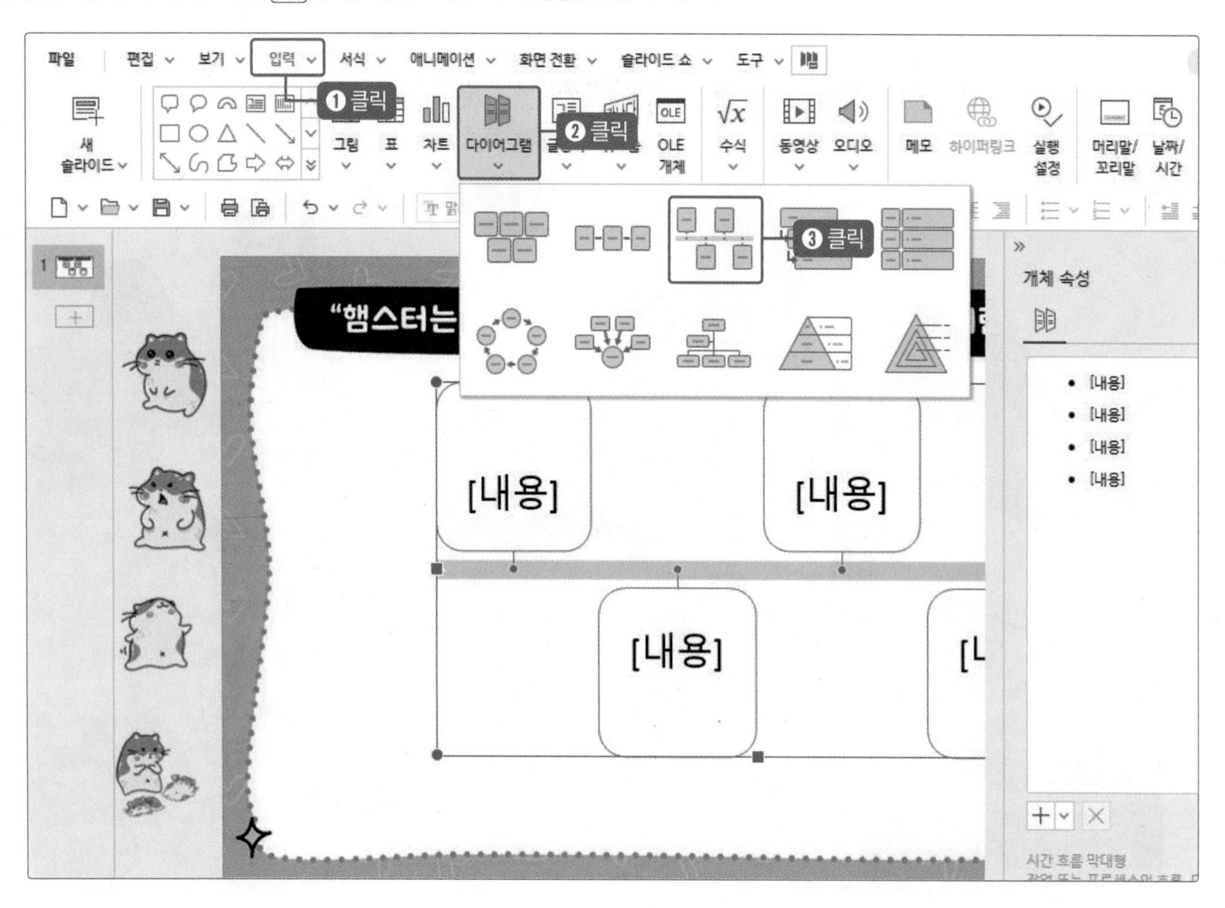

❸ 오른쪽 개체 속성 창에서 [항목 추가( )]를 두 번 클릭해 6개의 도형을 만들어주세요.

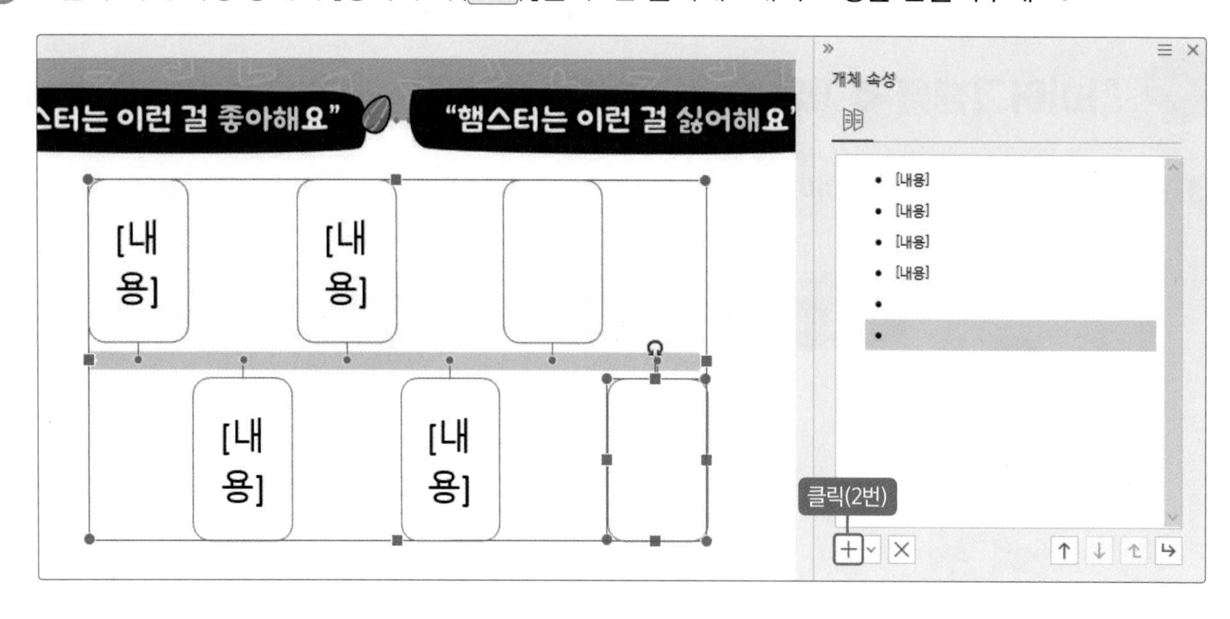

❹ 각 항목에 아래와 같이 내용을 입력한 다음 오른쪽 창을 종료해요.

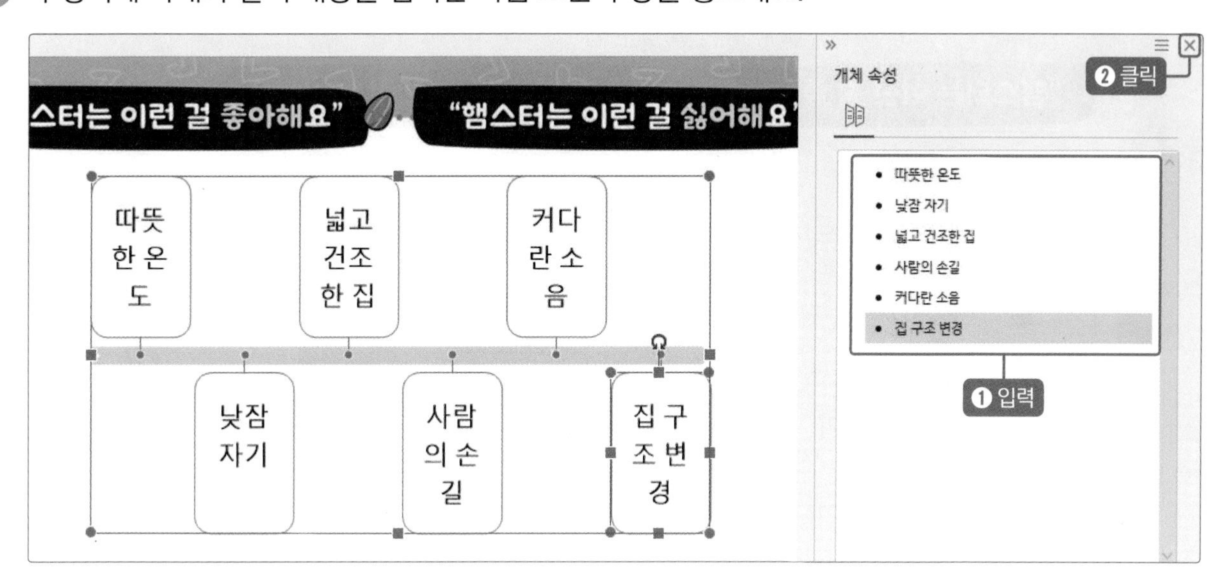

2 다이어그램의 색상과 스타일을 변경해요!

❶ [다이어그램( )]-[색 변경]과 [스타일 변경] 메뉴를 이용해 원하는 서식으로 바꿔보세요.

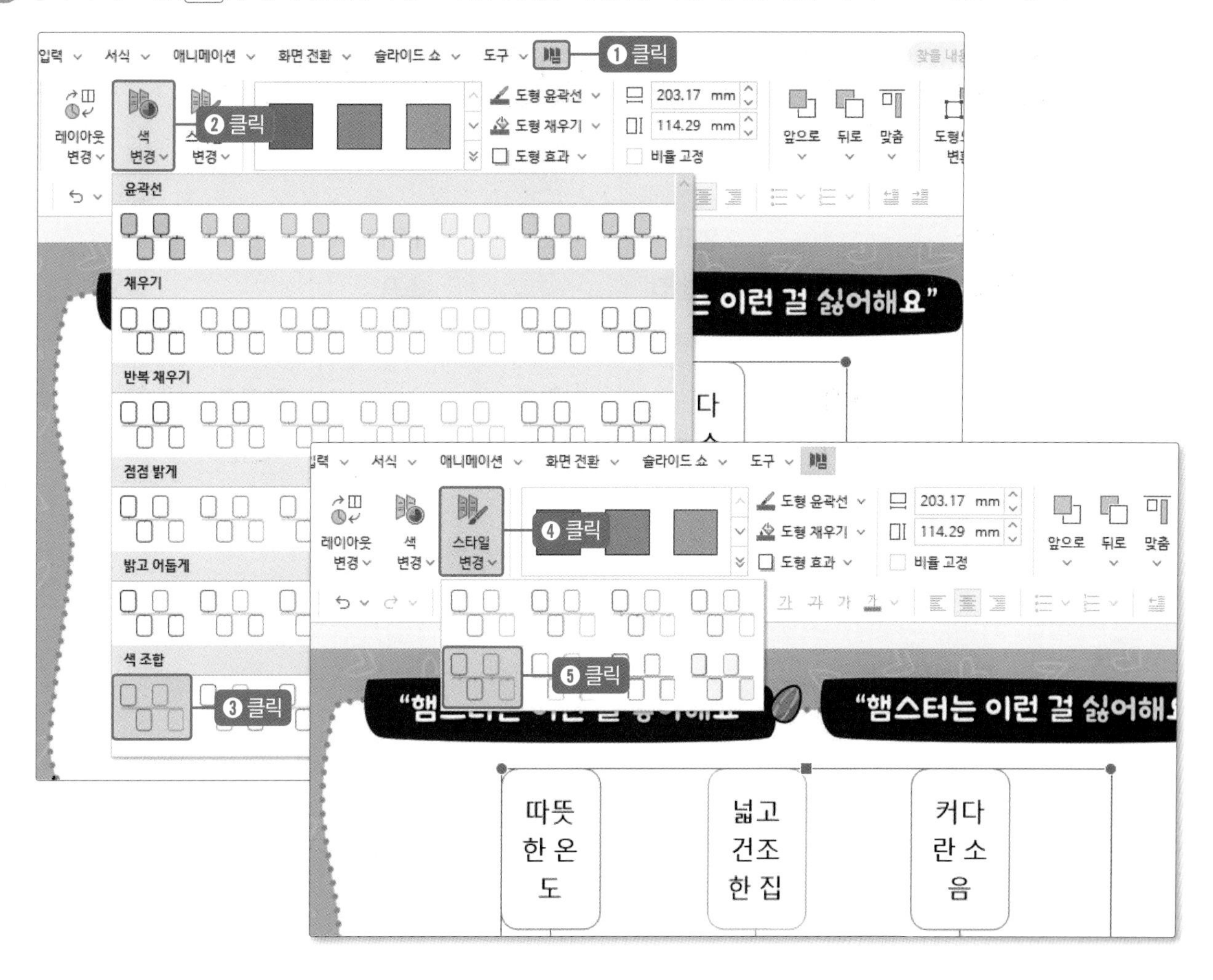

❷ 다이어그램의 크기와 위치를 조절한 다음 오른쪽 버튼을 눌러 [도형으로 변환]을 클릭합니다.

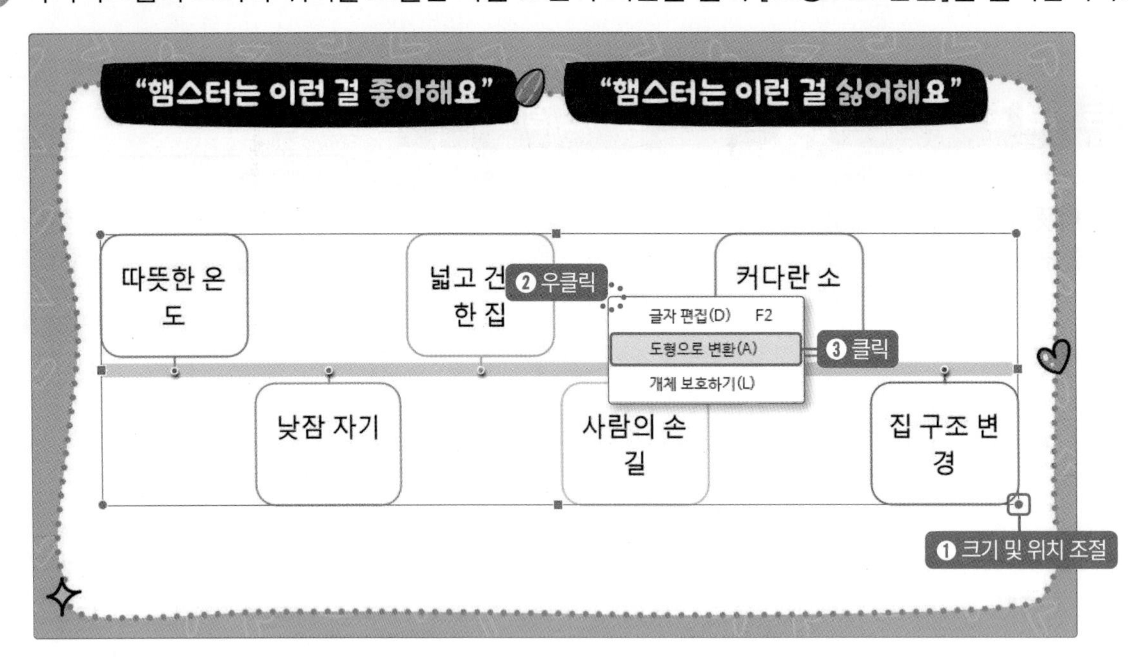

❸ 다이어그램의 테두리를 선택한 다음 글꼴 서식을 자유롭게 변경해 보세요.

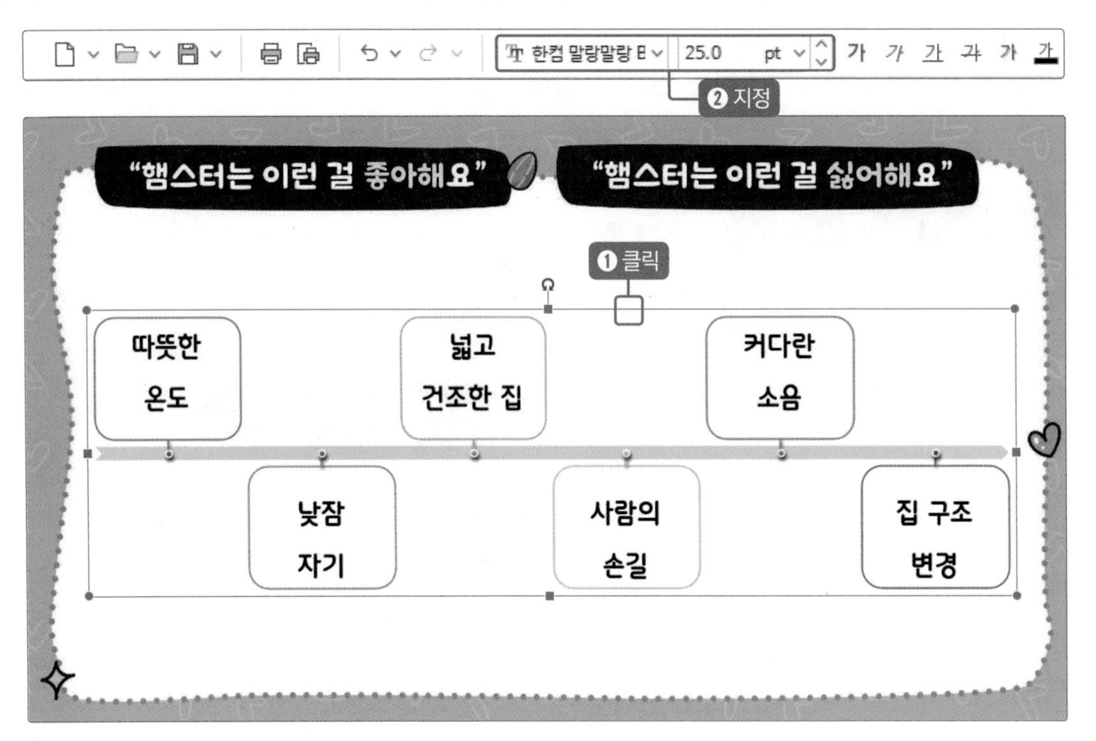

팁 줄 바꾸기

내용 입력 시 Enter를 눌러 보기 좋은 형태로 글자의 줄을 바꿔보세요.

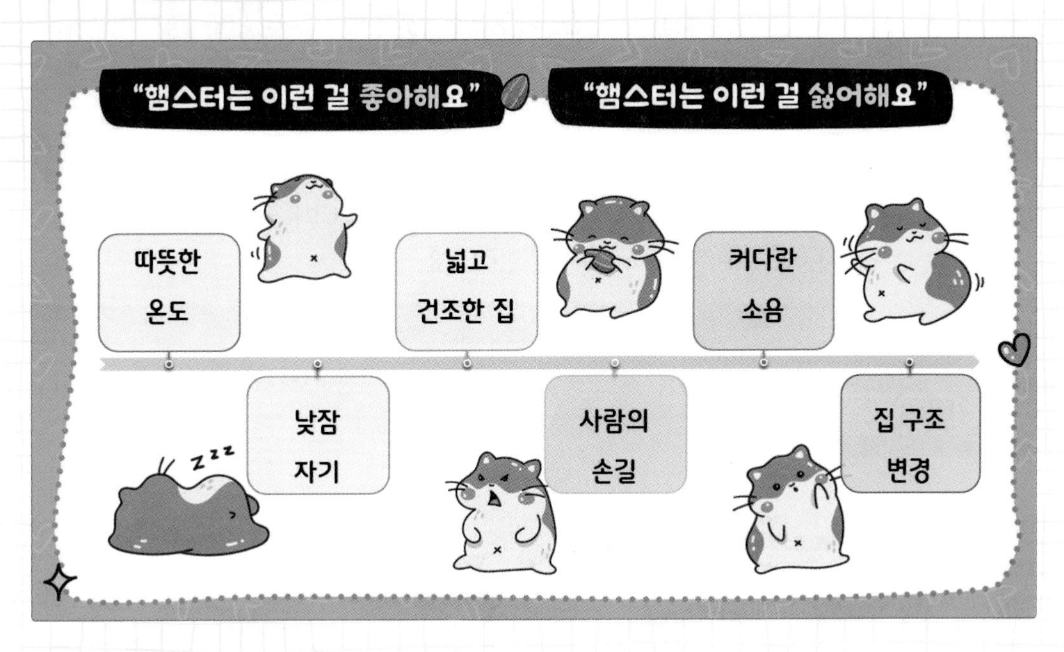

❶ 도형에 색을 채워 햄스터가 좋아하는 행동과 싫어하는 행동을 구분해 보세요.
❷ 슬라이드 주변에 있는 햄스터 그림을 배치해 예쁘게 꾸며보세요.

더 멋지게 실력뿜뿜

실습파일 : 햄스터_연습문제.show **완성파일** : 햄스터_연습문제(완성).show

❶ 삽입된 다이어그램의 색상과 스타일을 변경해요.
❷ 다이어그램을 도형으로 변환 후 글꼴 서식을 변경해 보세요.
❸ 주변 그림을 배치합니다. 이때, [순서]-[맨 앞으로]를 이용해 그림의 배치 순서를 맞출 수 있어요.

'원숭이' 엉덩이는 빨개

학습목표

★ 한쇼의 그림 편집 기능을 활용하여 그림의 불필요한 부분을 지워요.

★ 글상자를 넣어 말풍선에 대화를 입력해요.

실습파일 원숭이.show　　완성파일 원숭이(완성).show

완성 작품 미리보기

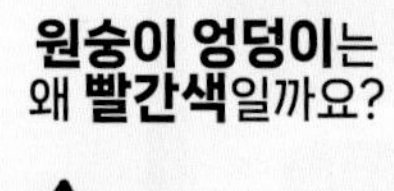

원숭이 엉덩이는 왜 **빨간색**일까요?

창의 놀이터 아래 그림은 일정한 규칙대로 나열되어 있어요. 비어있는 칸에는 어떤 그림이 들어가야 할지 규칙을 찾아서 적어보세요!

1 남자 아이 사진의 배경을 제거해요!

1. 한쇼 2022 프로그램을 실행하여 [Chapter 19_원숭이]-**원숭이.show** 파일을 불러와요.

❷ [입력]-**[그림( )]**을 클릭하여 [불러올 파일]-[chapter 19_원숭이]-**남자아이.jpg** 파일을 삽입해요.

❸ 그림이 삽입되면 [그림( )]-[사진 편집( )]을 클릭해요.

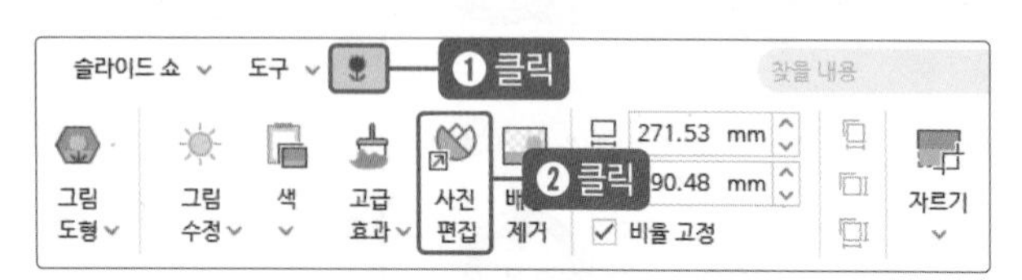

팁 메뉴 이름이 달라요 !

프로그램 버전 및 사용 환경에 따라 메뉴 이름이 '한포토로 편집( )'으로 표시될 수 있어요.

❹ **[투명 효과]**를 클릭하여 그림의 회색 배경을 선택해요.

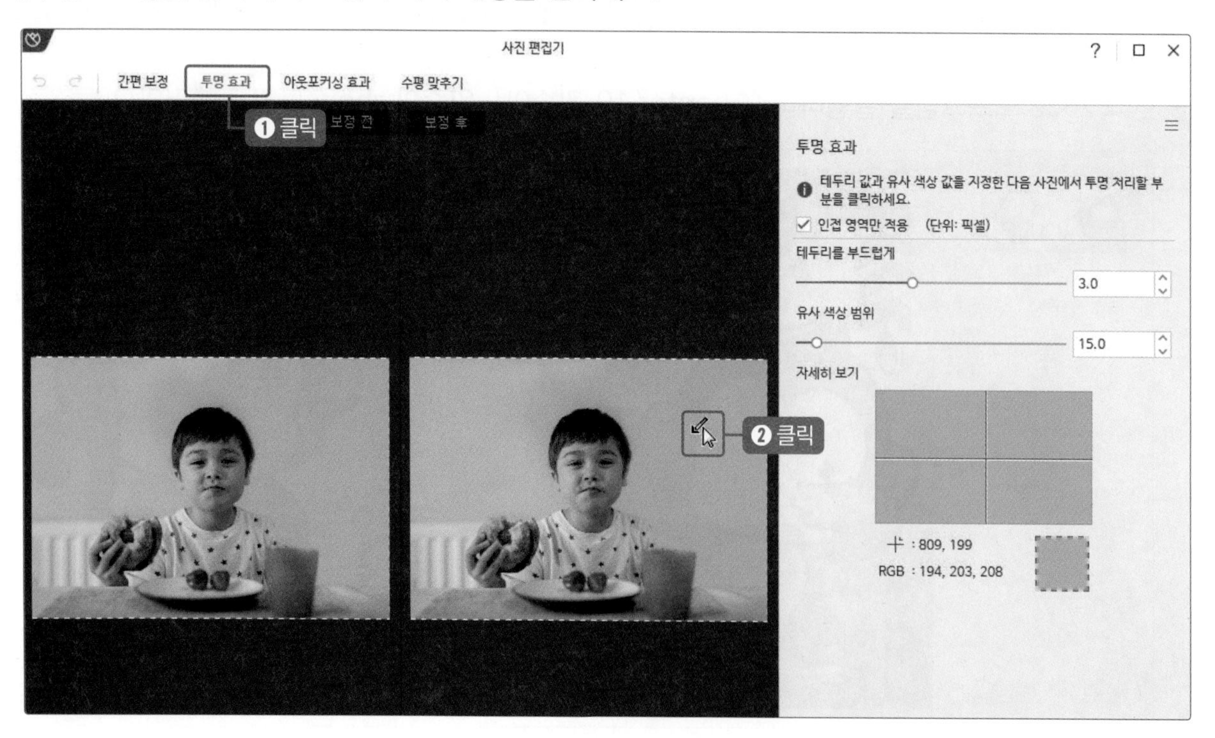

⑤ 얼굴 주변 배경이 투명하게 바뀐 것을 확인한 후 <적용>을 눌러요.

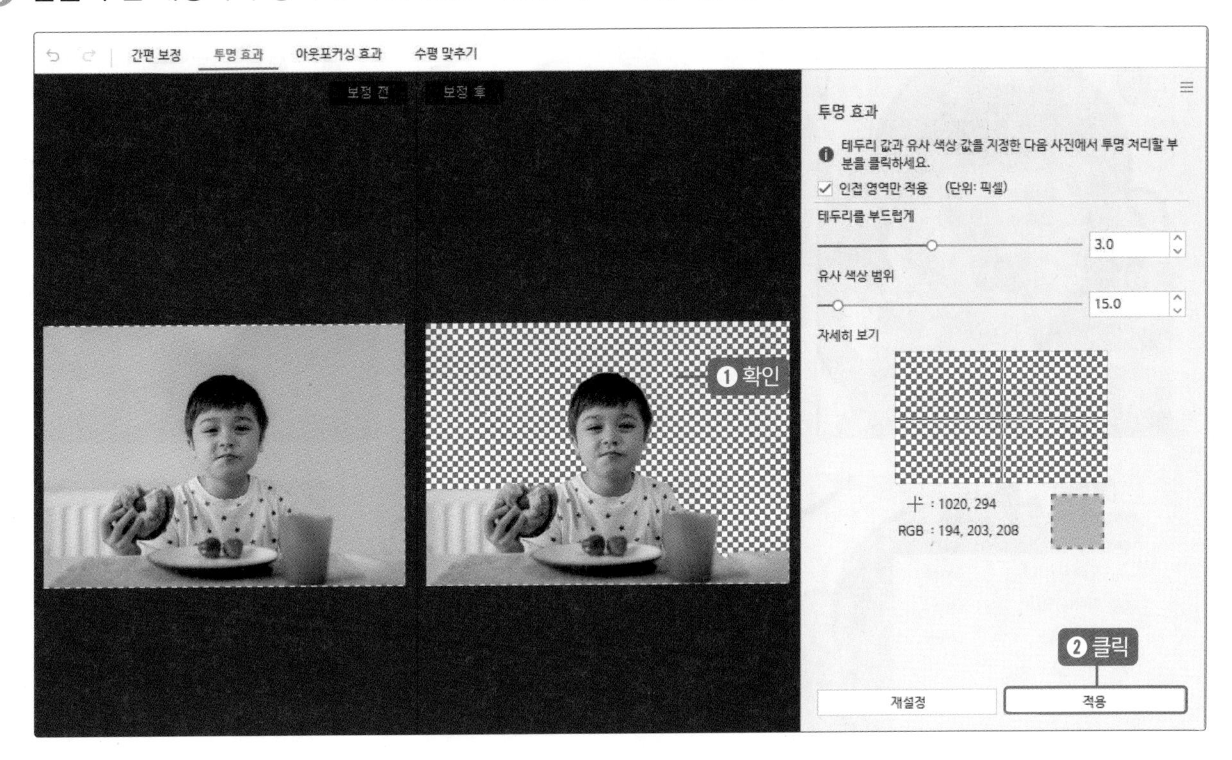

2 원숭이와 얼굴을 합성한 다음 글상자를 넣어요!

❶ 사진의 크기가 너무 커서 다음 작업이 힘들어요. [그림( )]-**[자르기( )]** → **'자유형으로 자르기'** 를 이용하여 얼굴 주변을 드래그 해보세요.

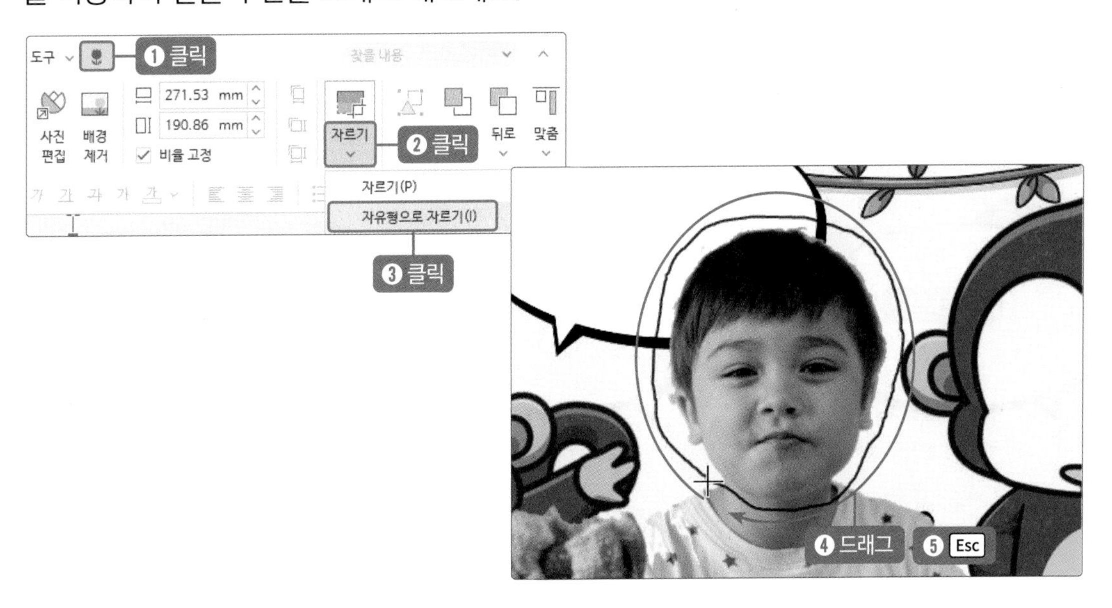

② 다음 과정을 참고하여 왼쪽 원숭이와 얼굴을 합성해보세요.

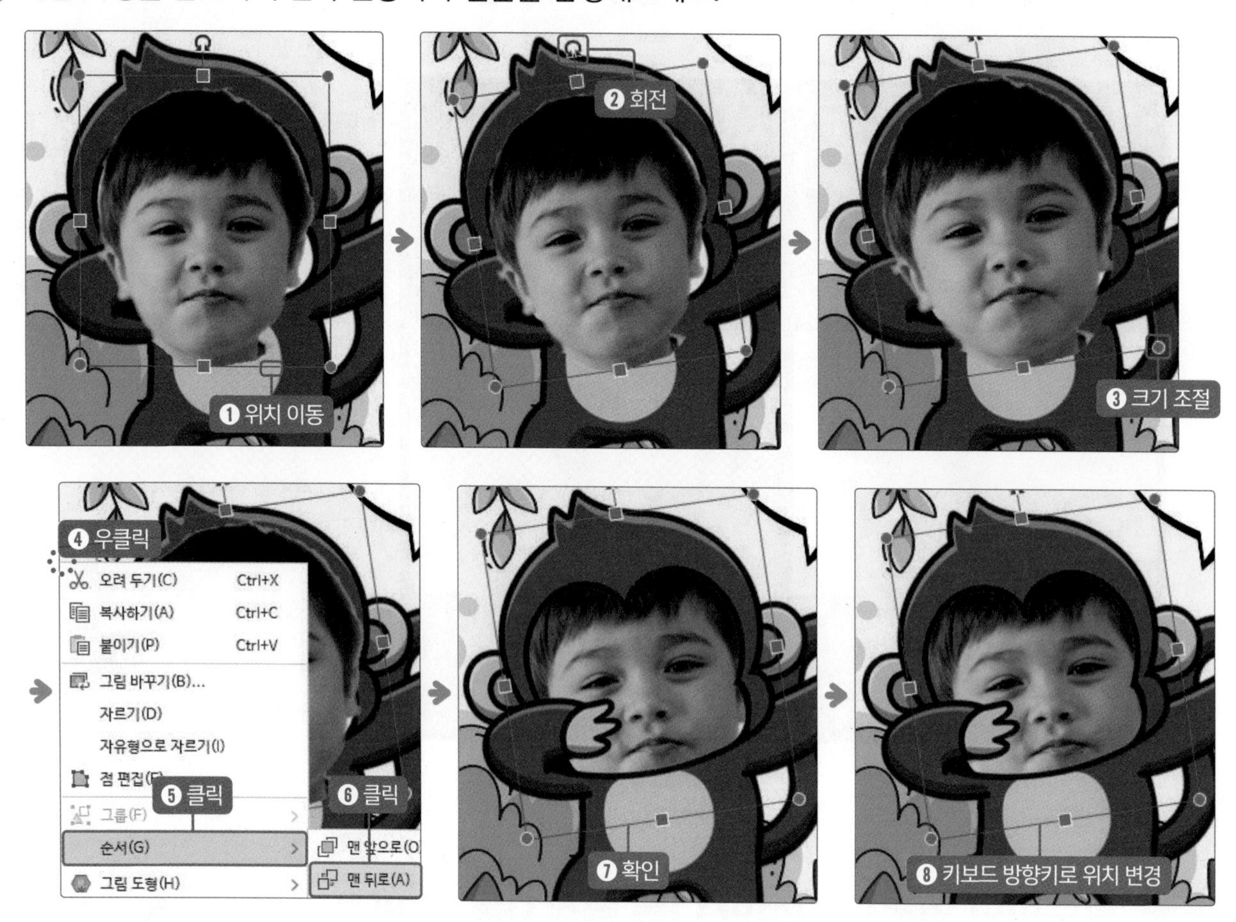

③ [입력]-**[글상자( )]**를 클릭한 다음 말풍선 부분을 선택해요. 커서가 깜빡이면 원하는 내용을 입력해보세요.

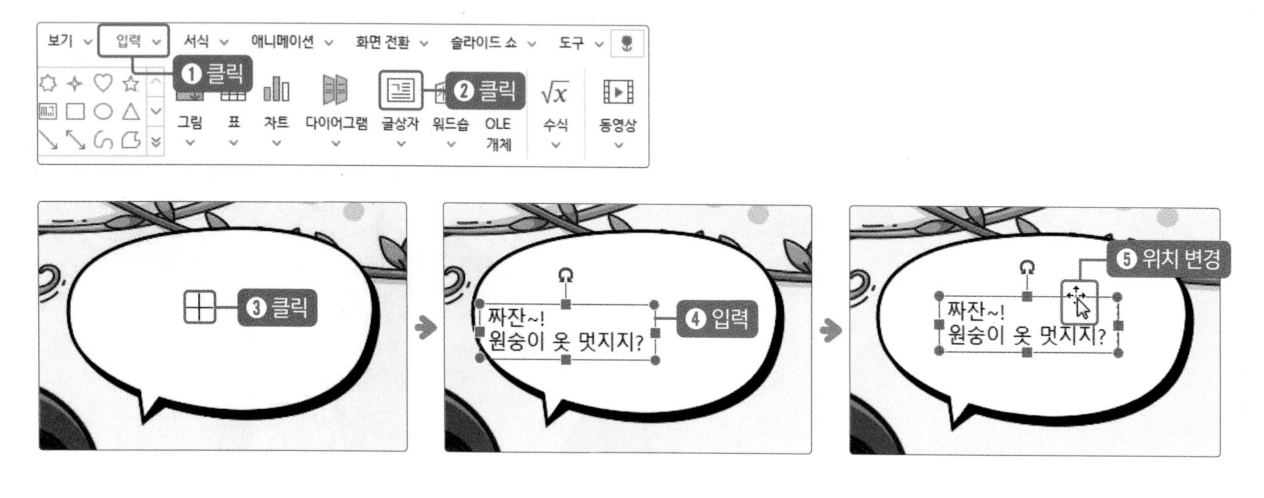

작품을 완성해요 >>>

❶ 여자 아이 그림을 삽입한 다음 배경을 제거하고 오른쪽 원숭이와 합성해 주세요.

❷ 말풍선에 입력된 내용의 글꼴 서식을 변경해 보세요.

더 멋지게 실력뿜뿜

실습파일 : 원숭이_연습문제.show **완성파일** : 원숭이_연습문제(완성).show

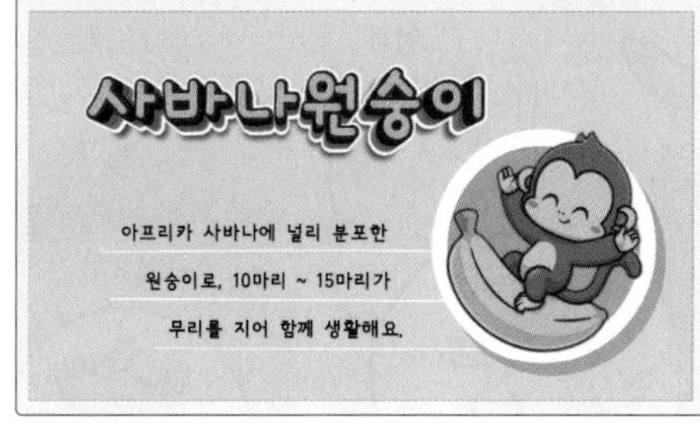

❶ 각 슬라이드에 삽입되어 있는 원숭이 그림의 배경을 제거해요.

'캥거루' 아기주머니와 이름의 비밀

학습목표

★ 하이퍼링크를 넣어 원하는 슬라이드로 이동할 수 있어요.
★ 워드숍을 이용하여 글자를 입력해요.

실습파일 캥거루.show 완성파일 캥거루(완성).show

완성 작품 미리보기

동물 이야기

창의 놀이터 : 가로힌트와 세로힌트를 참고하여 재미있는 십자말풀이를 완성해 보세요!

		2				7		8	9
1				5					
			4		6			10	
3									

가로힌트

1 닭이 낳은 알에서 부화하는 동물

3 주머니에서 새끼를 키우는 동물

4 스티브&알렉스가 주인공인 게임

8 겨울왕국 애니메이션의 주인공

세로힌트

2 짱구는 못말려에 등장하는 귀여운 여자 캐릭터

5 군대에서 일을 하면서 나라를 안전하게 지켜주는 직업

6 뽀롱뽀롱 뽀로로에 등장하는 초록색 공룡 캐릭터

7 입을 다물고 콧소리로 흥얼거리며 부르는 노래

9 미안함을 표시할 때 하는 행동(빨간색 과일 이름)

10 화물을 실어서 나르는 커다란 자동차

1 특정 슬라이드로 이동하는 하이퍼링크를 삽입해요!

1 한쇼 2022 프로그램을 실행하여 [Chapter 20_캥거루]-**캥거루.show** 파일을 불러와요.

❷ [슬라이드 1]에서 **'첫회부터'** 단추를 선택한 다음 [입력]-**[하이퍼링크(🌐)]**를 클릭해요.

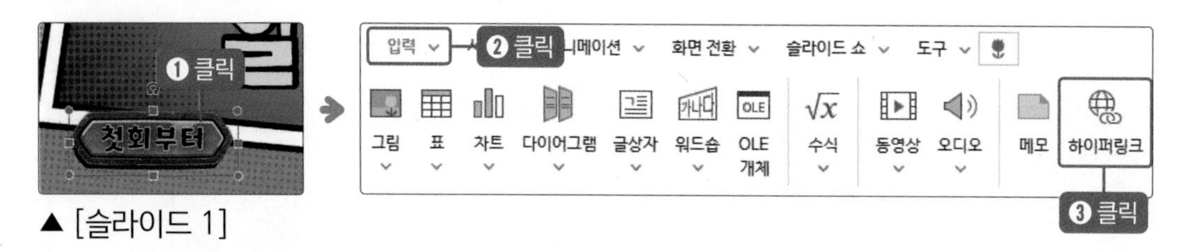

▲ [슬라이드 1]

팁 **하이퍼링크란 무엇인가요?**

하이퍼링크란 특정 부분을 클릭했을 때 문서의 다른 부분으로 이동할 수 있는 기능을 말해요. 현재 사용 중인 문서나 전혀 다른 문서에도 적용시킬 수 있으며, 인터넷 사이트로도 이동이 가능하답니다.

❸ 아래와 같이 옵션을 지정한 다음 <넣기>를 클릭해요. **'첫회부터'** 단추를 누르면 **[슬라이드 2]**로 넘어가도록 지정하는 과정이에요.

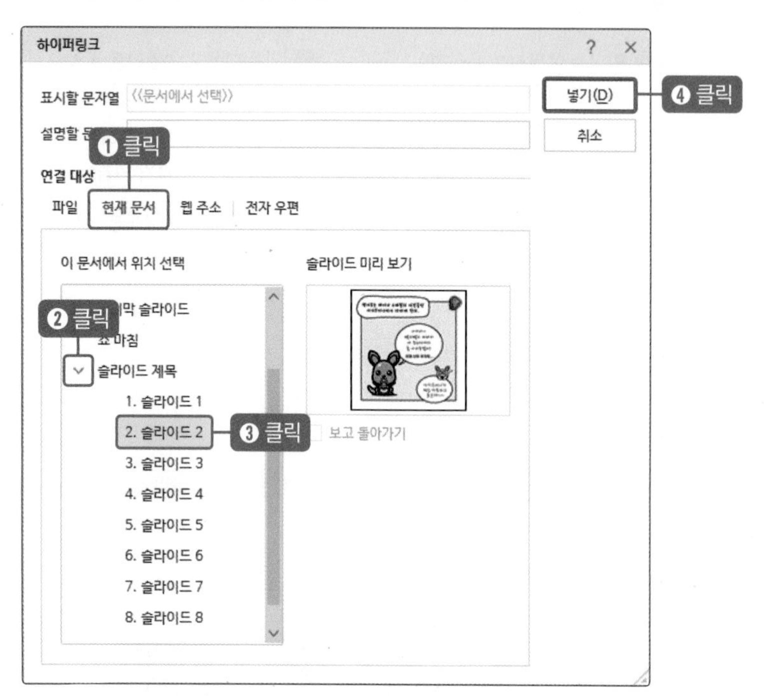

팁 **적용된 하이퍼링크를 확인해요!**

F5를 눌러 슬라이드 쇼를 실행한 다음 [슬라이드 1]에서 '첫회부터' 단추에 마우스를 올리면 마우스 포인터가 👆 모양으로 바뀌고, 해당 부분을 클릭하면 [슬라이드 2]로 이동하는 것을 확인할 수 있어요.

2 다음 슬라이드로 이동하는 하이퍼링크를 삽입해요!

❶ 이번에는 [슬라이드 2]에서 **'오른쪽 화살표'** 단추를 선택한 다음 [입력]-**[하이퍼링크( )]**를 클릭해요.

▲ [슬라이드 2]

❷ 아래와 같이 옵션을 지정한 다음 <넣기>를 클릭해요. **'오른쪽 화살표'** 단추를 누르면 다음 슬라이드로 넘어가도록 지정하는 과정이에요.

❸ 아래 과정을 참고하여 하이퍼링크가 지정된 **'오른쪽 화살표'** 단추를 **복사**하여 **[슬라이드 3]**에 붙여 넣어주세요.

▲ [슬라이드 2] ▲ [슬라이드 3] ▲ [슬라이드 3]

④ 복사된 '오른쪽 화살표' 단추를 **[슬라이드 4] ~ [슬라이드 6]**에도 똑같이 붙여 넣어주세요.

▲ [슬라이드 4] ▲ [슬라이드 5] ▲ [슬라이드 6]

3 워드숍을 이용하여 글자를 입력해요!

① [슬라이드 8]에서 [입력]-**[워드숍( )]**을 클릭하여 원하는 스타일을 선택해요.

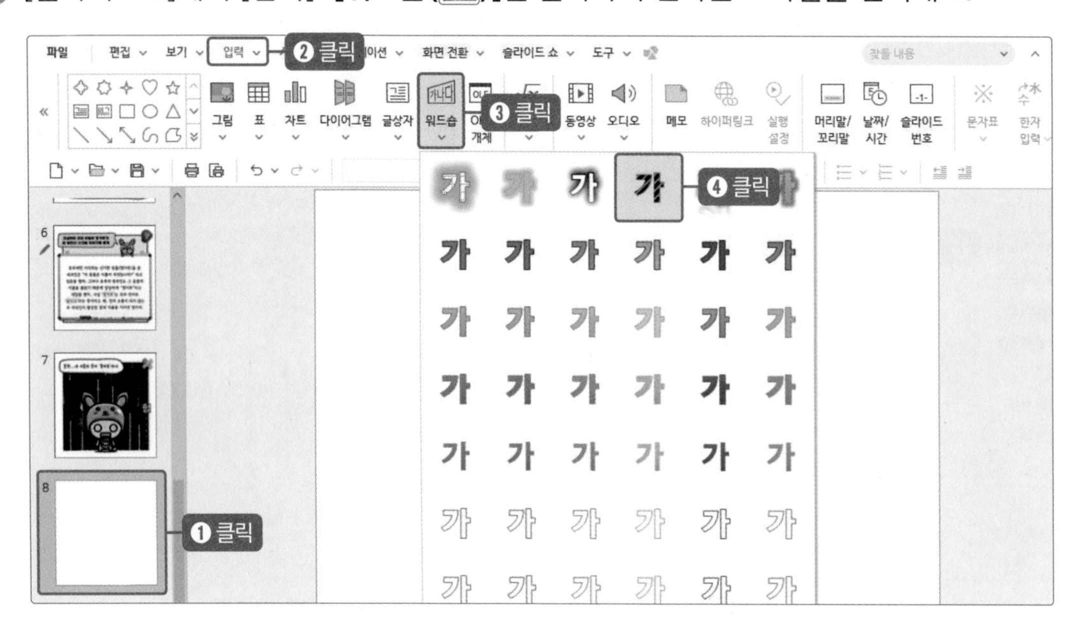

② **'-END-'** 내용을 입력한 후, 원하는 대로 글자 서식을 변경하고 위치를 이동시켜 완성해요.

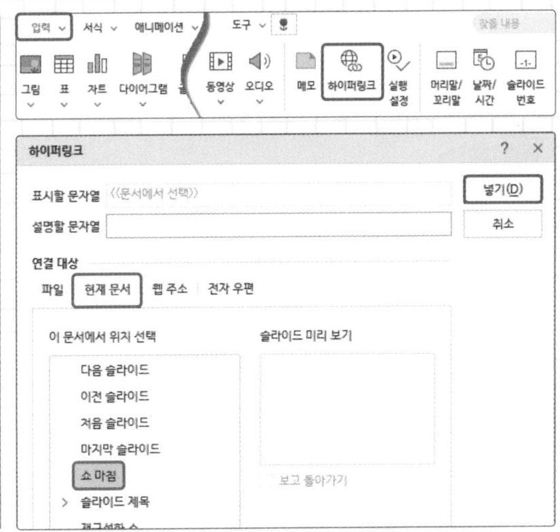

❶ [슬라이드 7]의 'X 모양' 단추를 선택한 후 [입력]-[하이퍼링크()]를 클릭해요.

❷ 하이퍼링크를 '쇼 마침'으로 선택한 다음 <넣기>를 클릭해요.

❸ F5를 눌러 슬라이드 쇼를 실행한 다음 마지막 슬라이드의 'X 모양' 단추를 눌렀을 때 슬라이드 쇼가 종료되는지 확인해요.

더 멋지게 실력뿜뿜

실습파일 : 캥거루_연습문제.show **완성파일** : 캥거루_연습문제(완성).show

❶ [슬라이드 1]의 '서식지, 크기, 종류, 먹이'를 선택했을 때 알맞은 슬라이드로 이동할 수 있도록 하이퍼링크를 삽입해 보세요.

❷ [슬라이드 2] ~ [슬라이드 5]에 [실행 단추-실행단추: 홈()] 도형을 넣어 첫 번째 슬라이드로 이동할 수 있도록 해요. 실행 단추를 이용하면 하이퍼링크가 자동을 삽입되어 편리해요.

❸ 홈 단추에 원하는 도형 스타일을 적용해 보아요.

점프의 왕 '돌고래'

학습목표

★ 슬라이드에 동영상을 삽입해요.
★ 그림에 여러 가지 애니메이션을 추가한 후 재생 옵션을 변경해요.

실습파일 돌고래.show 완성파일 돌고래(완성).show

완성 작품 미리보기

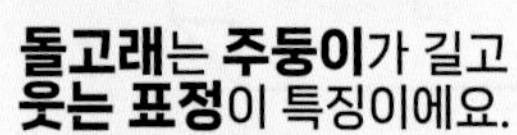

돌고래는 **주둥이**가 길고 **웃는 표정**이 특징이에요.

우리가 **점프**를 하는 이유?

창의 놀이터 아래 두 개의 이미지를 비교하여 서로 다른 부분 10곳을 찾아보세요!

1 슬라이드에 동영상을 넣어요!

1 한쇼 2022 프로그램을 실행하여 [Chapter 21_돌고래]-**돌고래.show** 파일을 불러와요.

② [슬라이드 1]에서 [입력]-**[동영상( )]**을 클릭해요.

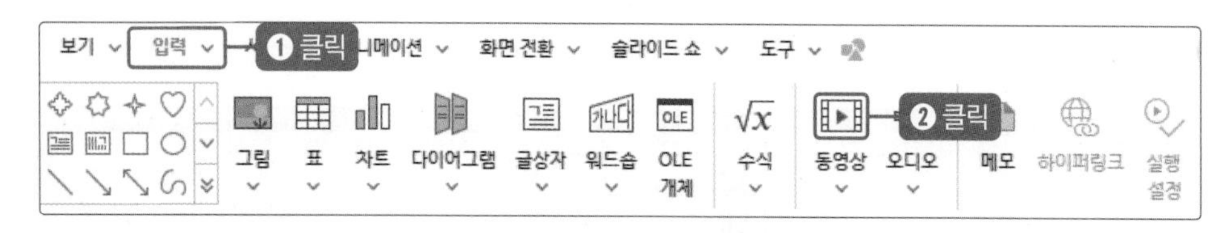

③ [불러올 파일]-[chapter 21_돌고래]-**바다풍경.mp4** 파일을 선택하고 <열기>를 클릭해요.

④ 동영상이 삽입되면 [그림( )]-[그림 스타일]-( )을 클릭하여 원하는 스타일을 선택해요.

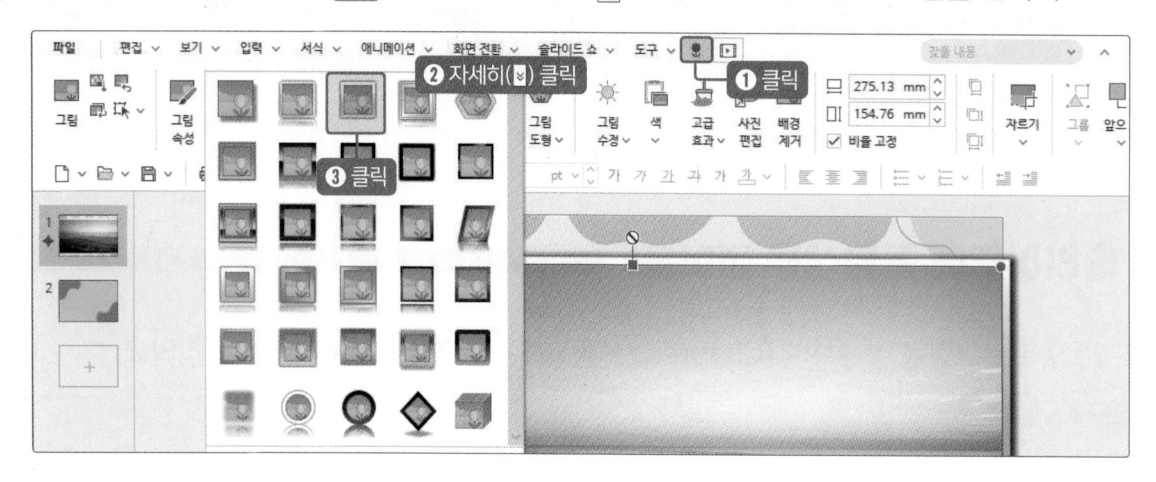

⑤ 동영상이 바로 실행될 수 있도록 [미디어( )]-**[자동 실행]**을 선택해요.

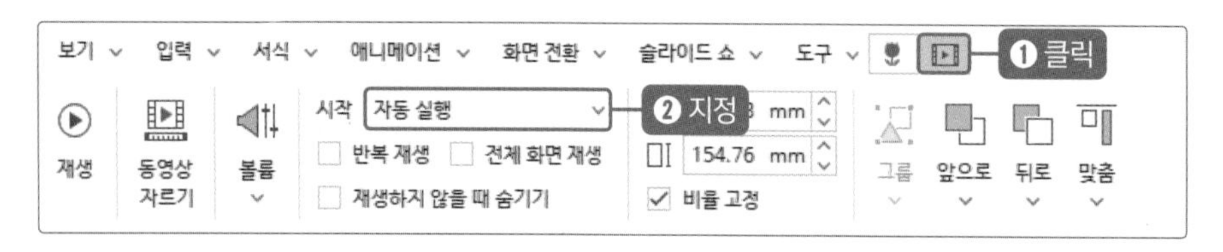

⑥ 동영상 주변의 조절점( )을 이용하여 크기와 위치를 적당하게 조절해요.

2 돌고래 그림에 나타나기 애니메이션을 적용해요!

❶ [슬라이드 2]를 클릭하여 슬라이드 바깥쪽에 있는 돌고래의 크기와 위치를 아래와 같이 맞춰주세요.

❷ 돌고래 이미지가 선택된 상태에서 [애니메이션] → **[올라오기( )]**를 클릭해요.

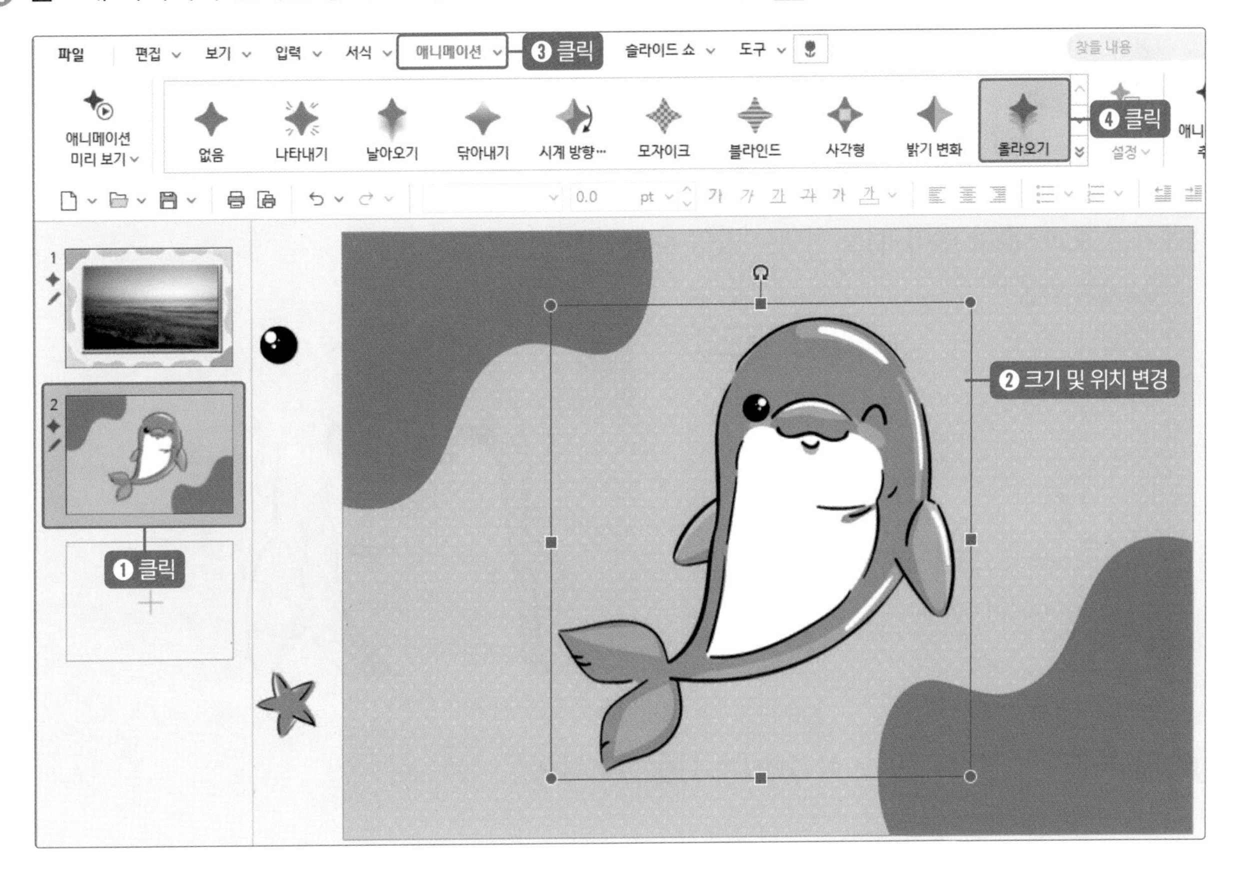

❸ [애니메이션] 탭에서 **'시작'**을 **'이전 효과와 함께'**로 변경해요.

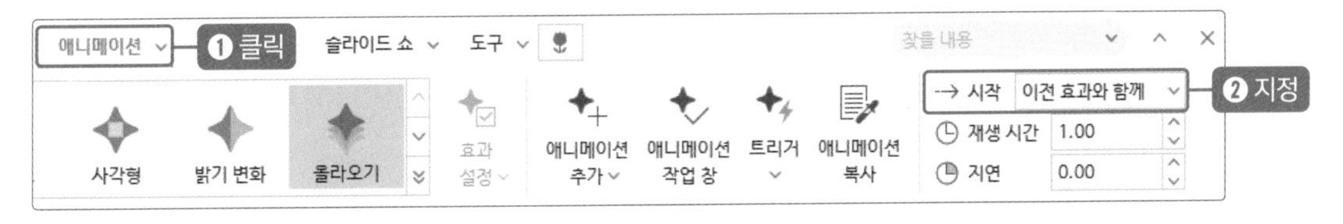

팁 **이전 효과와 함께 시작되는 애니메이션**

해당 애니메이션의 시작 옵션을 '이전 효과와 함께'로 지정했기 때문에 Shift+F5를 눌러 [슬라이드 2]의 쇼가 시작되면 동시에 돌고래가 올라오는 애니메이션이 실행될 거예요.

3 돌고래 눈에 애니메이션을 적용해요!

❶ 슬라이드 바깥쪽에 있는 돌고래 눈의 크기와 위치를 아래와 같이 맞춰주세요. 그다음 [애니메이션]-[애니메이션 추가(✦)] → **[나타내기 다른 효과]**를 클릭해요.

❷ **[기본 효과-흩어 뿌리기]**를 선택한 다음 <적용>을 클릭해요.

❸ [애니메이션]-**[애니메이션 작업 창(✦)]**을 클릭해요.

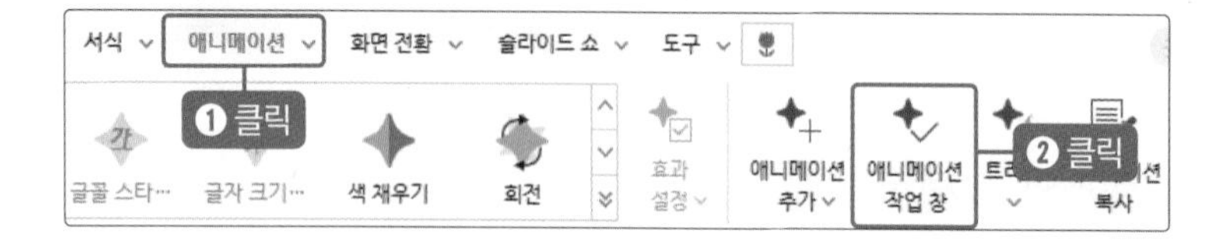

❹ 오른쪽 애니메이션 창의 목록에서 [그림 4]를 더블 클릭한 다음 [타이밍]에서 다음과 같이 옵션을 변경해요.

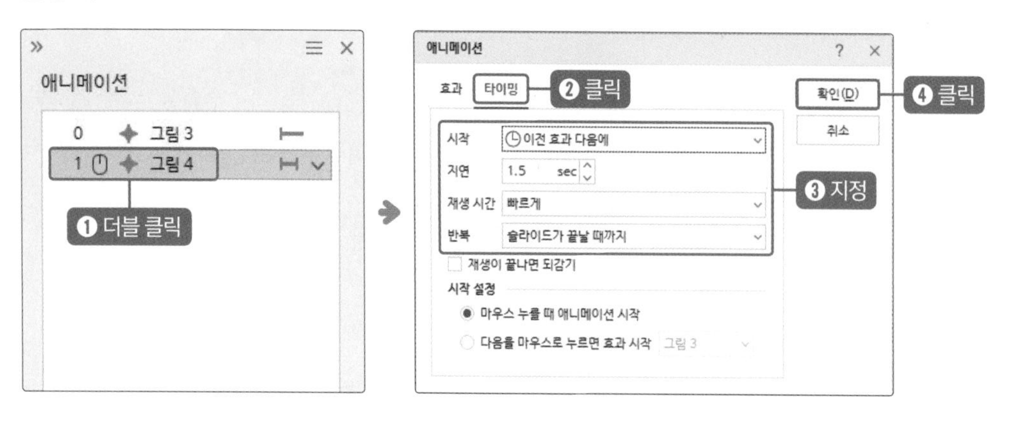

❺ Shift+F5를 눌러 [슬라이드 2]에 적용된 애니메이션을 확인해 보세요.

❶ 슬라이드 주변의 그림을 활용하여 애니메이션을 자유롭게 완성해요. 애니메이션의 종류와 타이밍 옵션은 원하는 대로 지정해 보세요.

더 멋지게 실력뿜뿜

실습파일 : 돌고래_연습문제.show　**완성파일** : 돌고래_연습문제(완성).show

❶ [슬라이드 1]에서 삽입된 그림들에 원하는 나타내기 애니메이션을 적용해요.
- 애니메이션 적용 순서 : 귀여운 ▶ 바닷속 ▶ 돌고래 ▶ 돌고래 그림

❷ [슬라이드 2]에 '돌고래인형.mp4' 동영상을 삽입한 다음 그림 스타일을 적용해 보세요.
(슬라이드 쇼가 시작되면 동영상이 바로 재생되도록 '자동 실행'을 선택해요.)

생김새가 다른 '여우'

학습목표

★ 슬라이드 마스터를 이용하여 여러 개의 슬라이드에 똑같은 배경을 만들 수 있어요.
★ 슬라이드 전환 효과를 적용해요.

실습파일 여우.show 완성파일 여우(완성).show

완성 작품 미리보기

동물 이야기

창의 놀이터 주어진 초성으로 만들 수 있는 단어를 찾아 적어보세요!

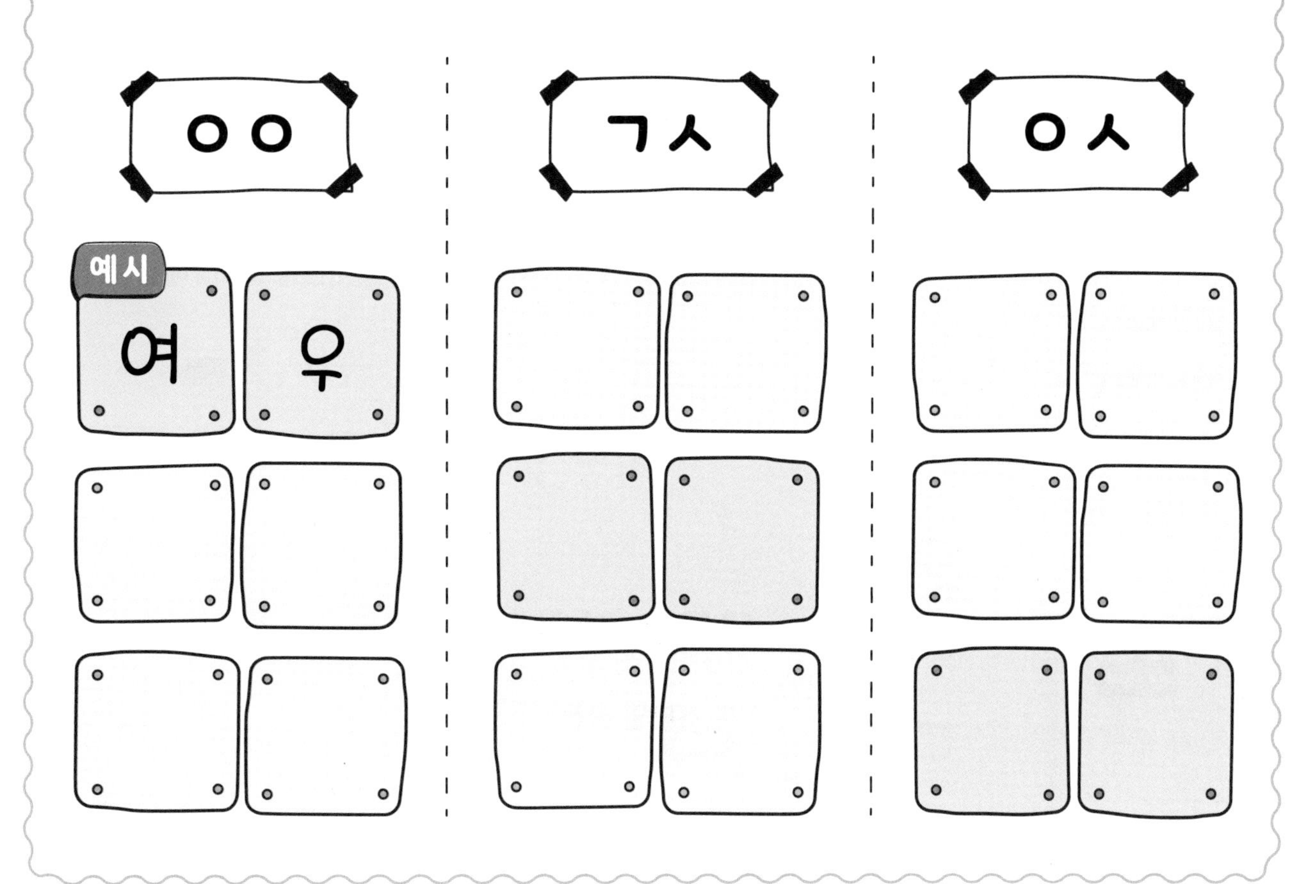

1 슬라이드 마스터를 적용해요!

① 한쇼 2022 프로그램을 실행하여 [Chapter 22_여우]-**여우.show** 파일을 불러와요.

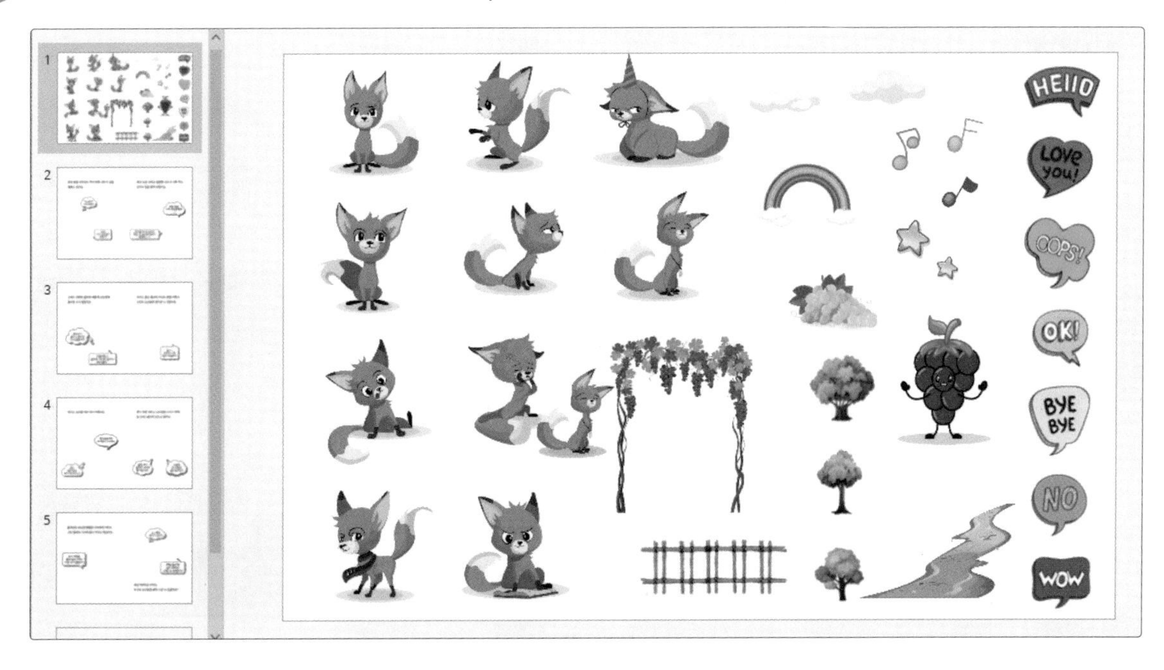

② [보기]-**[슬라이드 마스터( )]**를 클릭해요.

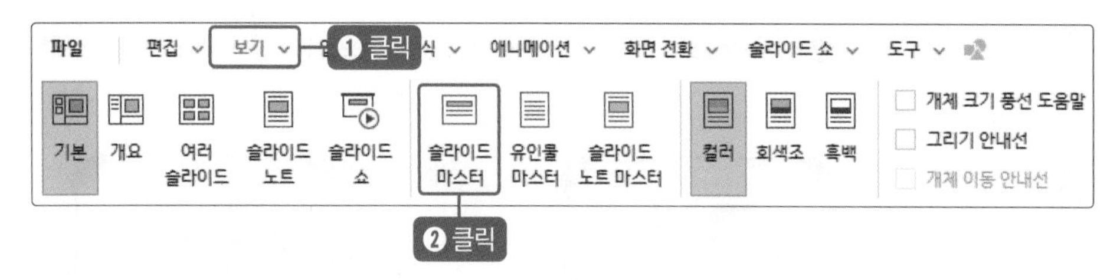

③ 다음과 같은 화면이 나오면 맨 위쪽**(Office 테마 슬라이드 마스터)** 슬라이드를 선택해 주세요.

④ 슬라이드의 배경을 바꾸기 위해 슬라이드의 빈 곳 위에서 마우스 오른쪽 버튼을 눌러 **[배경 속성]**을 클릭해요.

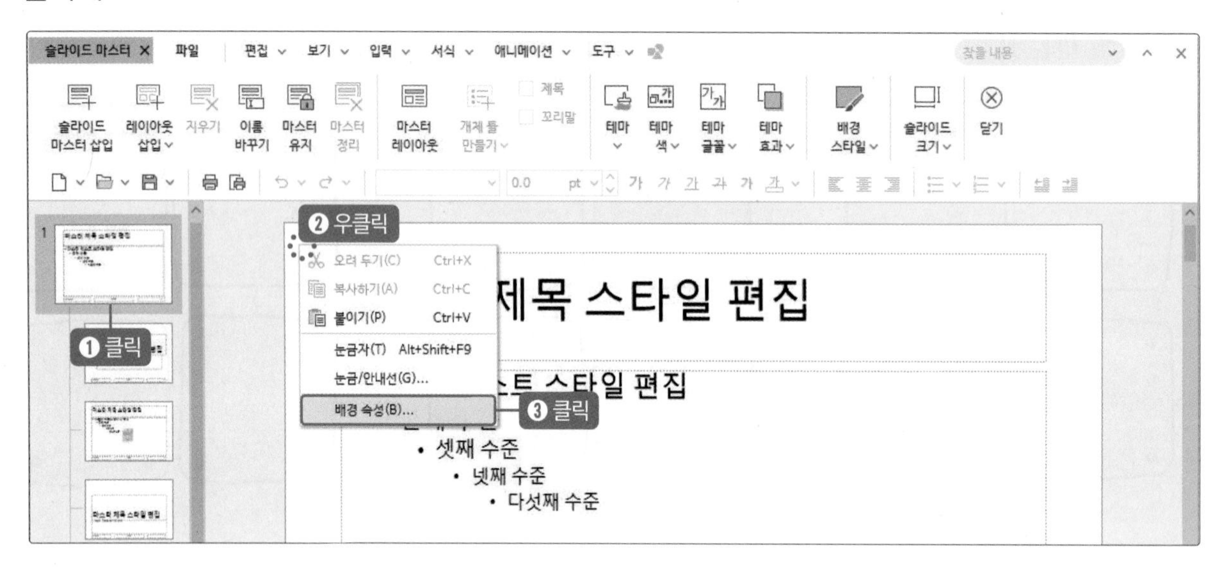

⑤ 오른쪽에 [배경 속성] 창이 나타나면 **'질감/그림'**을 선택한 다음 **<그림>**을 클릭해요.

⑥ [불러올 파일]-[chapter 22_여우]-**입체북.png** 파일을 선택하고 <열기>를 클릭해요.

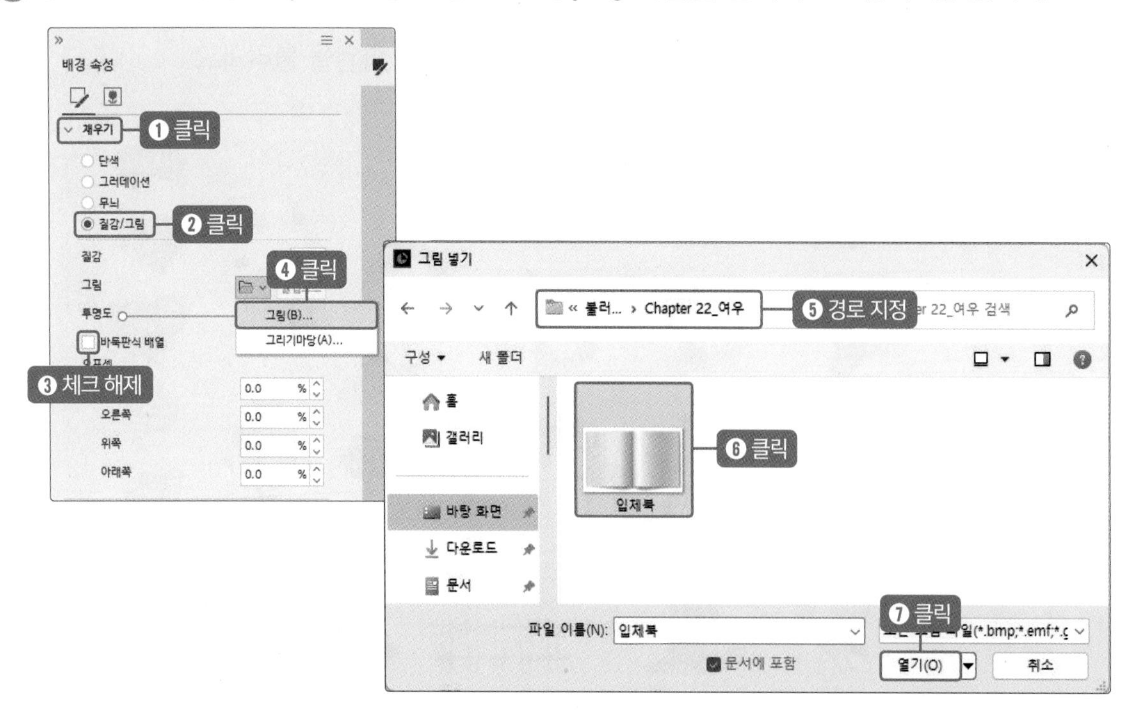

팁 **슬라이드 마스터가 뭐예요?**

도형, 그림, 글자 등을 한 곳에만 넣어도 전체 슬라이드에 적용시킬 수 있어요. 슬라이드 마스터는 여러 개의 슬라이드를 편리한 방법으로 관리하기 위한 기능이라고 할 수 있지요.

❼ [슬라이드 마스터]-**[닫기(⊗)]**를 클릭한 다음 각각의 슬라이드에 적용된 입체북 배경을 확인해 보세요.

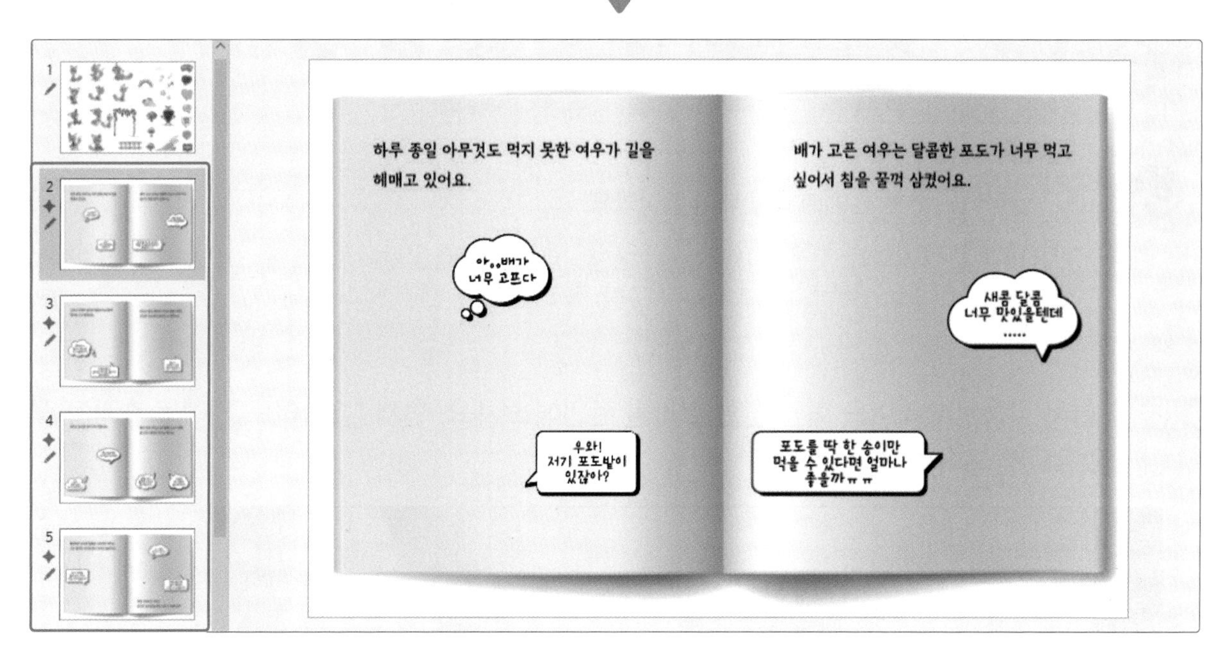

2 슬라이드 화면 전환 효과를 적용해요!

❶ 슬라이드 축소판 그림창에서 [슬라이드 2]를 선택한 다음 Shift를 누른 채 [슬라이드 5]를 클릭해요.

❷ [화면 전환]-⌄를 클릭한 다음 **[3D효과-책장 넘기기( )]**를 선택해요.

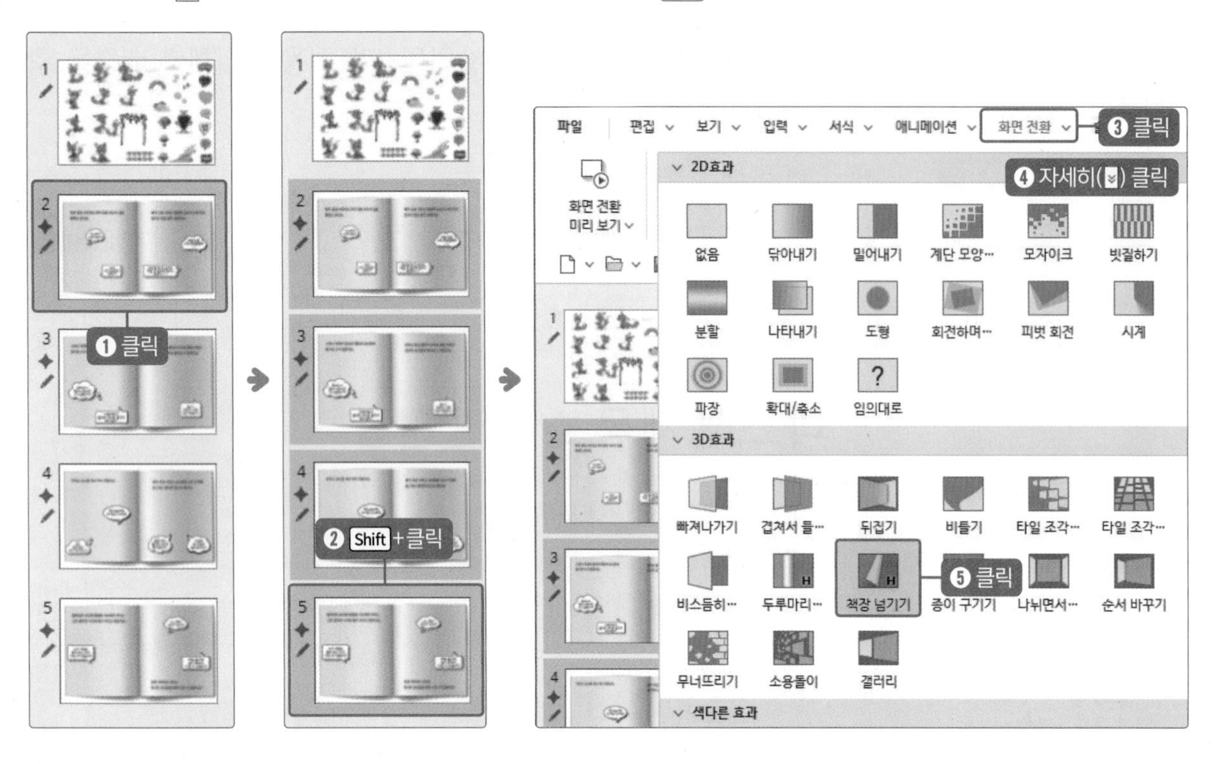

팁 슬라이드 화면 전환 효과에 대해 알아봐요!

슬라이드 화면 전환 효과는 현재 슬라이드가 시작될 때 나타나는 효과를 말해요. 한쇼에서는 다양한 화면 전환 효과들을 제공하고 있지만 오늘은 책을 넘기는 효과를 내기 위해 '책장 넘기기'를 선택했어요.

❸ F5를 눌러 적용된 슬라이드 화면 전환 효과를 확인해 보세요. 현재 [슬라이드 1]에는 효과가 적용되지 않았으니 참고하세요!

작품을 완성해요 >>>

❶ 첫 번째 슬라이드의 그림들을 이용하여 동화책의 내용을 재미있게 완성해 보세요.
복사하기(Ctrl+C) / 붙이기(Ctrl+V)

❷ 첫 번째 슬라이드를 삭제하여 동화책의 내용만 남겨주세요.

더 멋지게 실력뿜뿜

실습파일 : 여우_연습문제.show **완성파일** : 여우_연습문제(완성).show

❶ 슬라이드 마스터의 맨 위쪽 슬라이드를 주변의 그림으로 초대장을 예쁘게 꾸며보세요. 사용하지 않는 그림은 삭제하는 것이 좋겠죠?

❷ 슬라이드 마스터를 종료한 다음 생일에 초대하려는 동물의 이름(별명)을 '받는 동물'에 적어보세요.

'나무늘보'가 야생에서 사는 법

학습목표

★ 하이퍼링크를 지정하여 원하는 슬라이드로 이동해요.
★ 자유곡선 애니메이션을 추가해요.

실습파일 나무늘보.show 완성파일 나무늘보(완성).show

완성 작품 미리보기

동물 이야기

창의 놀이터 나무늘보 표정과 행동을 보고 말풍선을 채워 재미있는 밈을 완성해 보세요!

1 게임 단추에 하이퍼링크를 적용해요!

❶ 한쇼 2022 프로그램을 실행하여 [Chapter 23_나무늘보]-**나무늘보.show** 파일을 불러와요.

❷ [슬라이드 1]에서 **'게임방법'** 단추를 선택한 다음 [입력]-**[하이퍼링크()]**를 클릭하여 **[현재 문서]-슬라이드 2**를 지정해요.

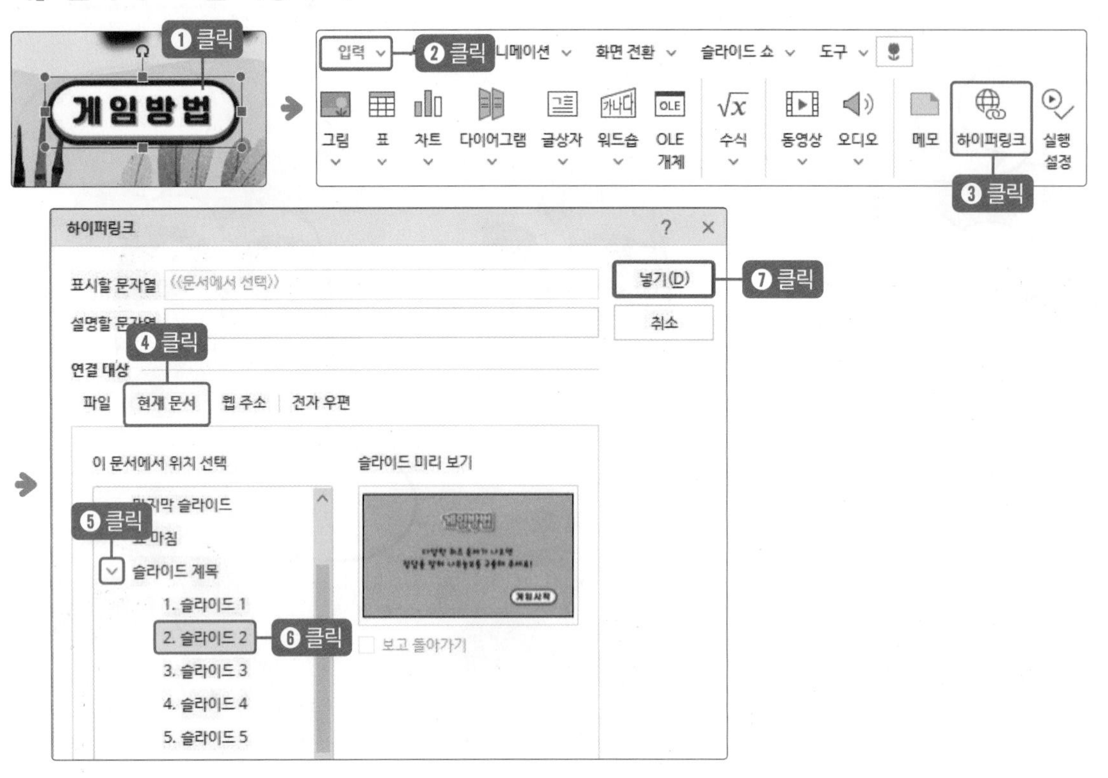

❸ 다음을 참고하여 각각의 단추에 하이퍼링크를 지정해 보세요.

- [슬라이드 1]의 **'게임시작'** 단추
  → **[슬라이드 3]**으로 하이퍼링크 지정

- [슬라이드 2]의 **'게임시작'** 단추
  → **[슬라이드 3]**으로 하이퍼링크 지정

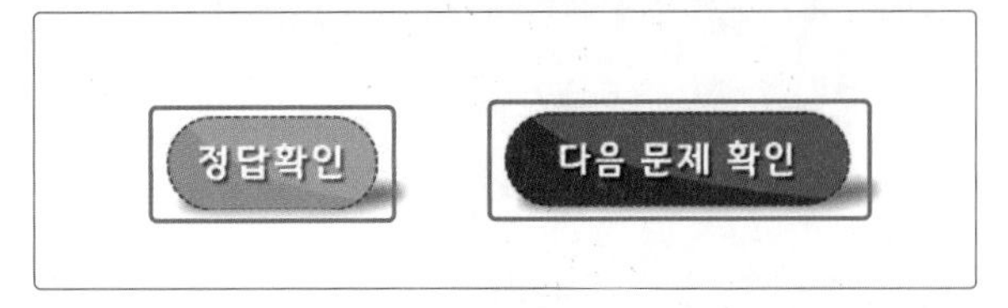

- [슬라이드 3]~[슬라이드 12]의 **'정답확인'** 또는 **'다음 문제 확인'** 단추
  → **[다음 슬라이드]**로 하이퍼링크 지정

- [슬라이드 13]의 **'게임종료'** 단추
  → **[쇼 마침]**으로 하이퍼링크 지정

2 자유곡선 애니메이션을 지정해요!

❶ [슬라이드 3]에서 슬라이드 바깥쪽에 있는 숫자 '1'을 선택하여 [애니메이션]-[애니메이션 추가( )] → **[이동 경로-자유곡선( )]**을 클릭해요.

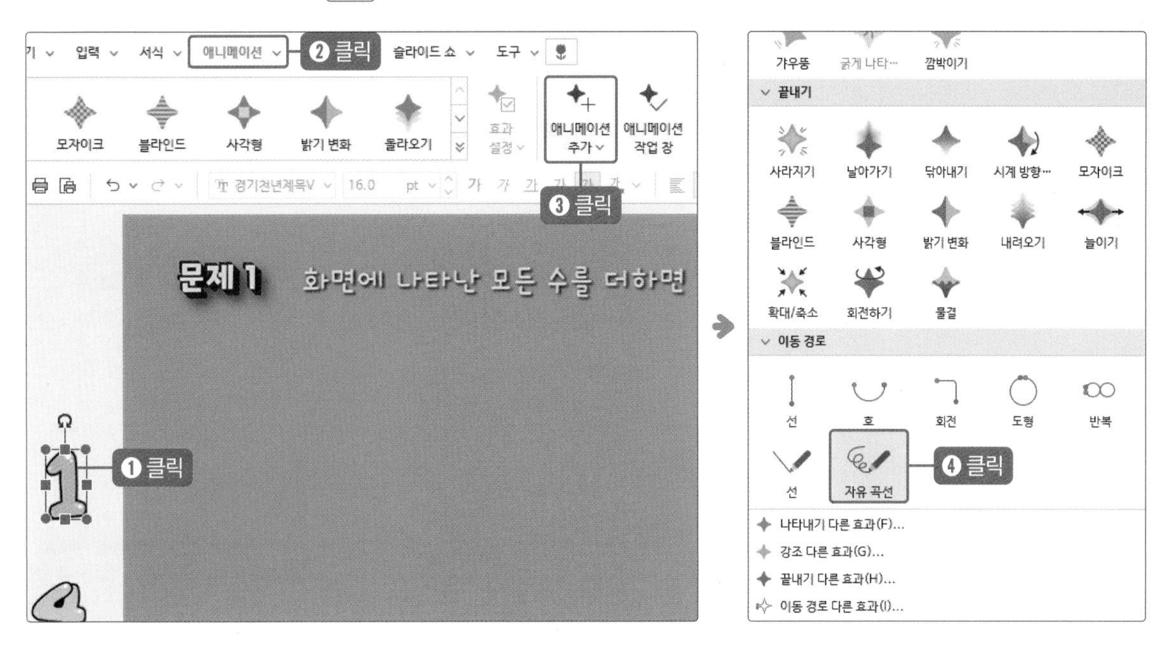

❷ 마우스를 드래그하여 숫자 '1'이 지나갈 경로를 아래와 같이 그려보세요.

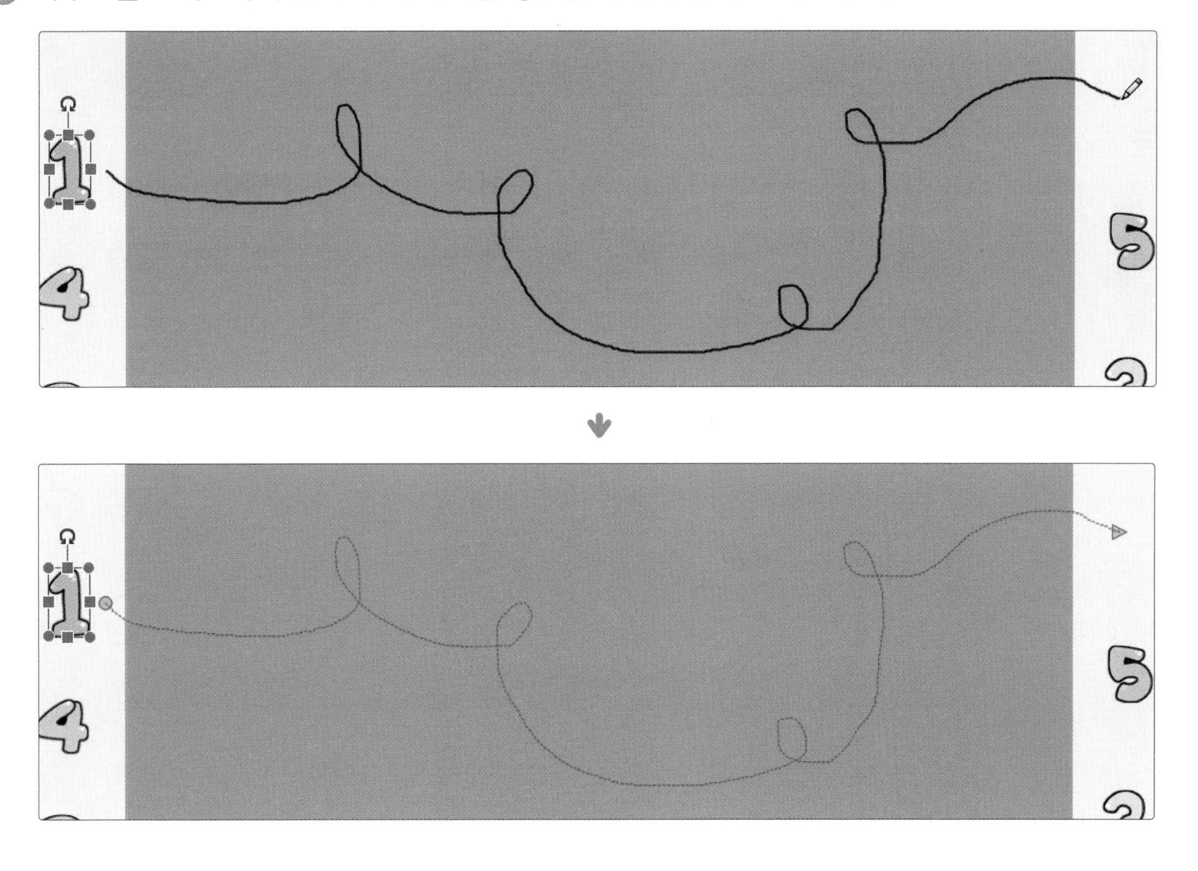

❸ 이어서, [애니메이션] 탭에서 '시작'을 **'이전 효과와 함께'**, '지연'을 **'2초'**로 변경해요.

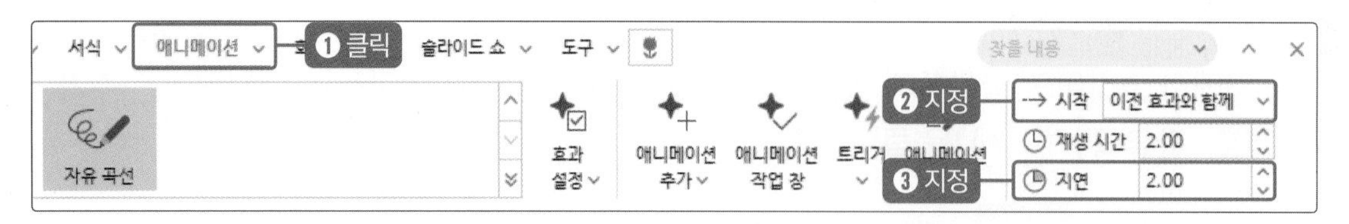

❹ 나머지 숫자에도 **[이동 경로-자유곡선( )]** 애니메이션을 추가한 후 '시작'을 **'이전 효과 다음에'**로 변경해요.

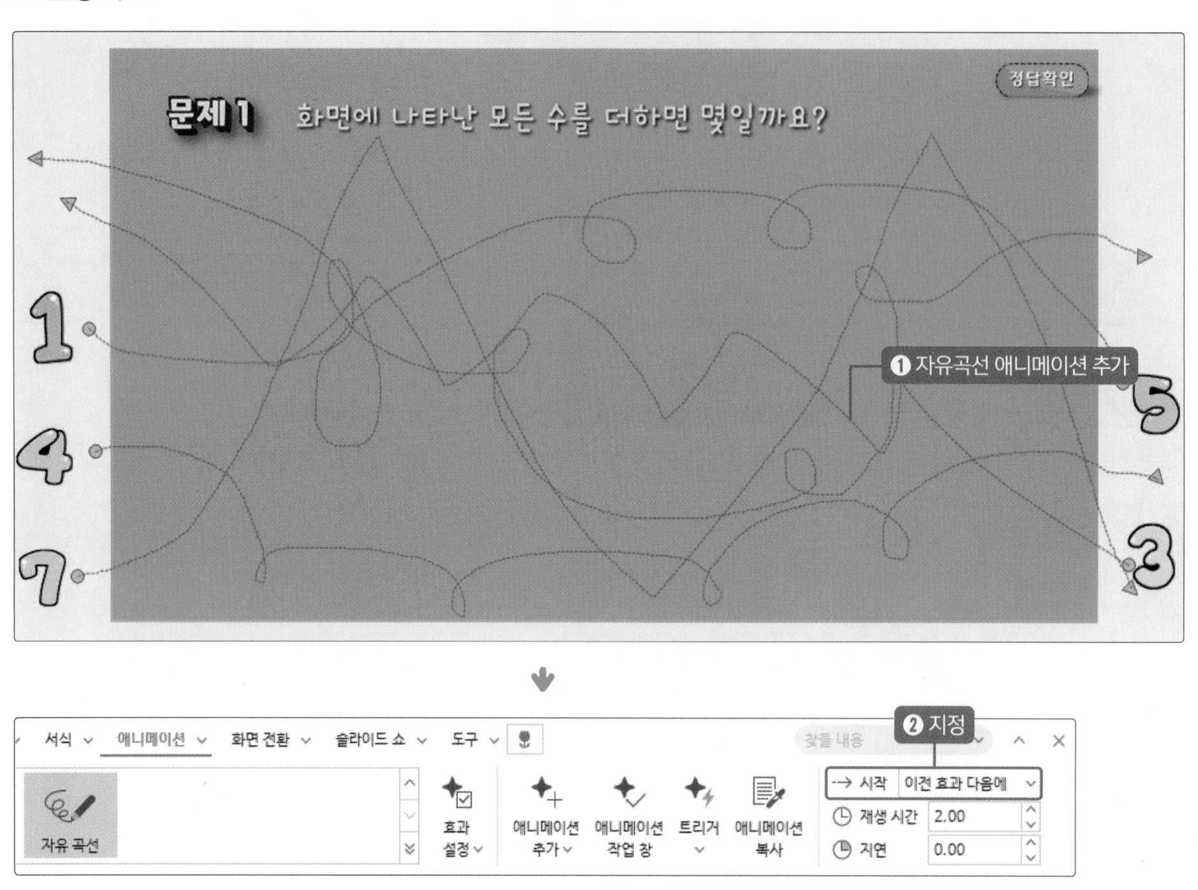

작품을 완성해요 >>>

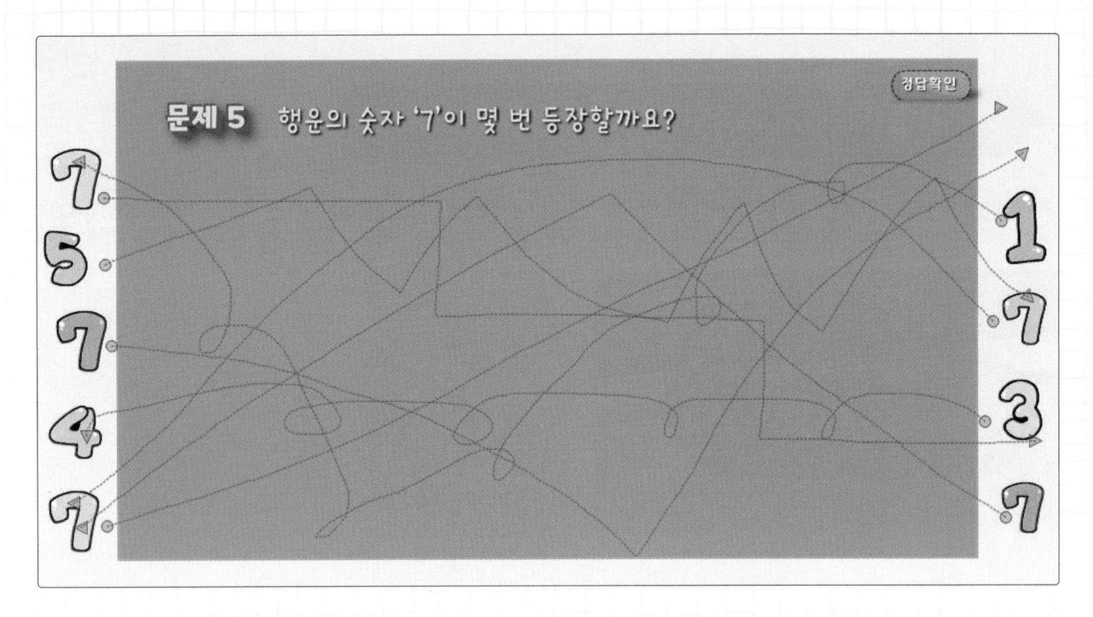

❶ [슬라이드 11(문제 5번)]의 숫자에 자유곡선 애니메이션을 지정해요.

- 애니메이션 적용 시 첫 번째 애니메이션은 [시작] '이전 효과와 함께', [지연] '2초'로 지정해요.
- 그 외 나머지 애니메이션은 [시작] '이전 효과 다음에', [지연] '0초'로 지정해요.

더 멋지게 실력뿜뿜

실습파일 : 나무늘보_연습문제.show　　완성파일 : 나무늘보_연습문제(완성).show

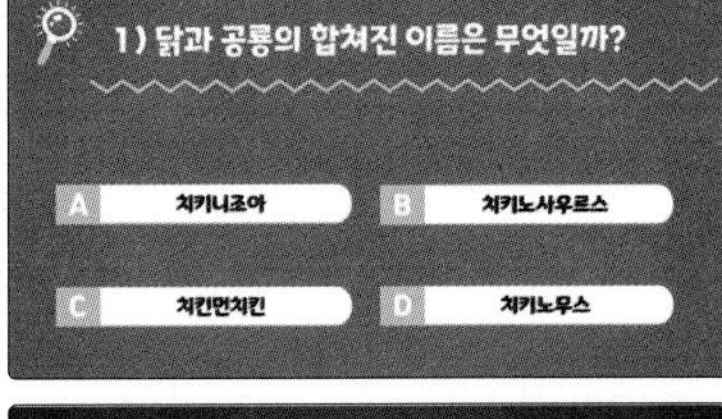

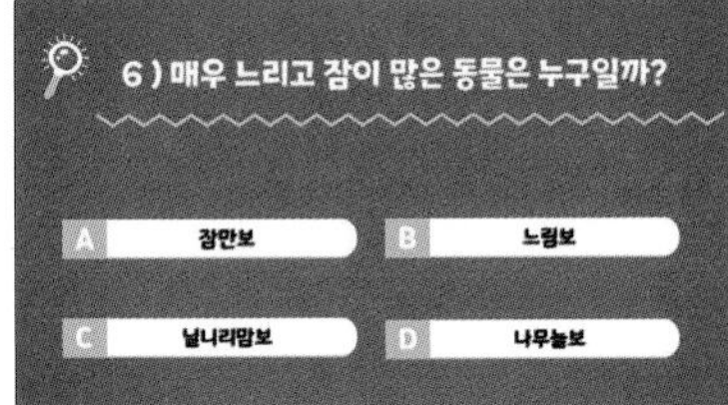

- [슬라이드 1]의 <게임시작>
  → [슬라이드 2]로 연결
- [슬라이드 2]~[슬라이드 7]의 정답 텍스트(하이퍼링크 편집)
  → 다음 슬라이드로 연결
- [슬라이드 9]의 <다시시작>
  → [슬라이드 1]로 연결

❶ 넌센스 퀴즈를 완성하기 위해 알맞은 하이퍼링크를 삽입해 보세요. [슬라이드 2]~[슬라이드 7]의 모든 답안은 미리 GAME OVER(마지막 슬라이드)로 연결해 놓았어요.

이만큼 배웠어요

퀴즈를 풀어보면서 지금까지 배운 내용을 정리해요

1 특정한 개체(그림, 도형 등)를 클릭했을 때 다른 슬라이드로 이동할 수 있는 기능은 무엇일까요?

① 애니메이션

② 스마트아트

③ 하이퍼링크

④ 좌우대칭

2 동일한 작업을 한 번에 모든 슬라이드에 적용할 수 있는 기능은 무엇일까요?

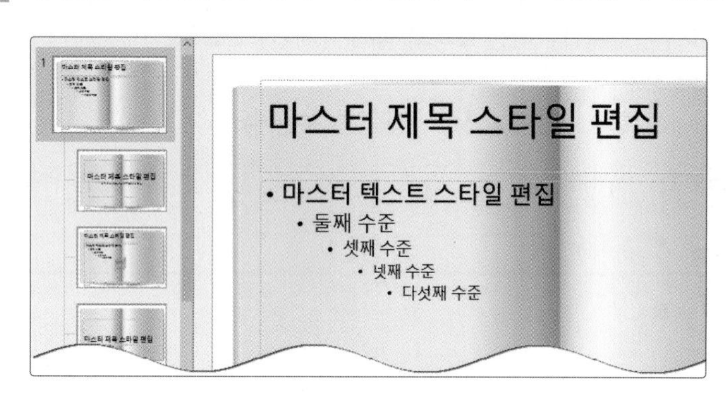

① 유인물 마스터

② 슬라이드 노트

③ 슬라이드 마스터

④ 여러 슬라이드

3 다음 슬라이드 또는 이전 슬라이드로 이동할 때 '책장 넘기기' 등의 효과를 적용할 수 있어요. 이 기능의 이름은 무엇일까요?

① 애니메이션　② 화면 전환　③ 사진 앨범　④ 동영상

4 귀여운 햄스터가 싫어하는 행동을 한 가지만 적어보세요.

5 북극 여우와 사막 여우 모습 중 가장 크게 다른 부분을 적어보세요.

학생	선생님	부모님

아래 작업 순서를 참고하여 자유롭게 슬라이드를 완성해요

실습파일 : 24_연습문제.show　　완성파일 : 24_연습문제(완성).show

작업 순서

❶ [슬라이드 1]에 글상자를 삽입하여 받는 사람의 이름을 적어보세요.

- 글상자 삽입 : [입력]-[글상자()]

❷ 슬라이드 마스터에서 맨 위쪽 슬라이드의 배경으로 '노트' 이미지를 삽입해 보세요.

- 슬라이드 마스터 경로 : [보기]-[슬라이드 마스터()]
- 슬라이드 마스터 닫기 : [슬라이드 마스터]-[닫기()]

❸ [슬라이드 2]부터 친구에게 전하고 싶은 내용을 입력해요. 슬라이드를 추가하면서 내용을 짧게 입력하는 것이 좋아요.

- 슬라이드 추가 : [편집]-[새 슬라이드()]

❹ 내용 입력이 완성된 슬라이드에 그림을 삽입한 후 필요한 부분을 잘라 예쁘게 꾸며보세요.

- 그림 삽입 : [입력]-[그림()]
- 그림 자르기 : [그림()]-[자르기()]

❺ 각각의 슬라이드에 여러 가지 슬라이드 화면 전환 효과를 적용해 보세요.

- [화면 전환]-

MEMO